実話怪談
怨環

芳春

竹書房
怪談
文庫

目次

※本書に登場する人物名は、様々な事情を考慮してすべて仮名にしてあります。また、作中に登場する体験者の記憶と体験当時の世相を鑑み、極力当時の様相を再現するよう心がけています。現代においては若干耳慣れない言葉・表記が登場する場合がありますが、これらは差別・侮蔑を意図する考えに基づくものではありません。

実話怪談

怨環

芳春

酩酊

大学三年の秋のことだった。

授業の一環で奈良県の史蹟を巡る旅行に来ていた私は、同級生達と並んで明日香村にある橘寺の近くの、山際の細い道を歩いていた。

道祖神を祀ったような小さな祠の前に差し掛かった所で、富川君という学生が蹲《うずくま》って動かなくなってしまった。

引率の教員が心配して、微かに嗚咽を漏らしている富川君に話しかける。

「……お前酒臭いな。全く酔っ払いとはどうしようもない」

教員が呆れたように溜め息を吐いた。

富川君は前夜、宿で買った地酒の小瓶を鞄に忍ばせていて、ふざけてこそこそと飲みながら歩いていたのだ。

「責任持って連れて来いよ」

教員が怒り混じりに言い置いた瞬間、富川君ががばりと顔を上げた。

泣き濡れて焦点の合わない茫洋とした目で、何処か遠くを見ながら胸元で合掌し、和歌のような歌を紡ぐ。

「はくろのころに　ふきのきやく」

その一節を繰り返していた。異様な富川君の様子に皆騒然となったが、堪忍袋の緒が切れた教員に怒鳴られて、頑《かたく》なにその場を動こうとしない富川君を引き摺るように宿へ戻った。

宿に着いても、富川君は暫《しばら》くさめざめと泣いて、ずっとあの奇妙な歌の一節を呟いていたが、一晩経つといつもの様子に戻っていた。

「何してたか全部覚えてるけど、何であんな歌歌ってたのかさっぱりわからん。つか、あんな酒の量で酩酊するとはなぁ。何かに取り憑かれてたのかも」

ふざけた調子で笑いながら言う富川君に皆が呆れた。

それから三年後、富川君が自殺した。

卒業して、希望通り商社に勤めた彼は順風満帆に思えた。その矢先の、九月のことだった。理由は今でもわからない。

葬儀の折、潤ちゃんという福井出身の同級生がこんなことを言った。

「……ねぇ、奈良で富川君がおかしくなったの覚えてる？　あのとき彼が歌ってたの、御詠歌《ごえいか》っぽいなって思ってた。でも弔いの歌だから気味が悪くて黙ってたの」

御詠歌とは、信者が寺院や霊場巡礼の際に唱える七五調の歌のことで、古く、近畿地方では葬送のときにも歌う習わしがあった。福井の一部では今も、その風習が残っている。

「白露の頃って、ちょうど今頃でしょ。不帰の客って死者のことじゃない」

富川君の命日は、九月八日だった。

あの日、富川君は酩酊していたのではなく、本当に何かに憑かれたのかもしれない。

だとしたら、富川君に憑いた何かは彼の運命を暗示したのだろうか。それとも、その日に命を奪うと、予告をしたのか。

一体どちらだろうと考えて、私は今でも恐ろしくなる。

会心

一ノ瀬さんのお祖父さんは彼女が二十歳のときに亡くなった。卒寿間近の大往生だったという。

葬儀のとき、親戚が「やっぱりあいつ来なかったな」と囁き合っているのが気になった。母に尋ねると、伯父のことだと言う。

一ノ瀬さんはずっと、母は三姉妹の末子だと思っていた。母の生家も、母の一番上の姉に当たる伯母が婿を取って継いでいる。

伯父がいたとは初耳だった。

「バツイチの年上の女の人を連れてきて、一緒になりたいって言ったのよ。長男だからお父さんは猛反対して、兄さんは駆け落ちしちゃったの」

それから五十年近く、行方が分からないという。

「連絡先も分からないんだもの。兄さんはお父さんが亡くなったことも知らないわよ。そもそも兄さんもいい歳だから、無事でいるかどうかも怪しいわね」

母は伯母達とそんなことを言い合って溜め息を吐いた。

火葬場に移動し、控え室で骨上げを待つ。

簡単な弁当と飲み物が出た。集まった親戚が和やかに祖父の思い出話をしている。その中で時折、伯父のことが話題に上がっては、誰かが小声で嗜《たしな》める。

――おじいちゃん、きっと息子に会いたかったんだろうな。

一ノ瀬さんは心の中でしんみりとそう思った。

そのとき、係員の男性が申し訳なさそうに肩を竦《すく》めながら部屋に入ってきた。

数機ある炉の全てに火が入らず、困っているのだという。

「今点検を行っておりますので、もう暫くこちらでお待ちください」

言い置いて、係員が出ていった。

「ここ去年できたばかりでしょ？　炉に火が入らないなんて……どうしたのかしら」

伯母達が怪訝《けげん》な表情を浮かべる。

「……何だかお父さんが兄さんを待ってるみたいね」

母がぽつりと呟いた。

ちょうどそのとき、控え室の扉が開いて深緑色のカーディガンを羽織った男性が顔を覗かせた。

「御親族の方ですか？　どうされました？」

恐る恐るといった不審な雰囲気に、外にいた係員が声をかける。

しどろもどろになっている男性を目にして、親戚の一人が「あれ！」と大声を上げた。

「正和じゃないか!?　何やってたんだお前！」

祖父の弟である大叔父が瞠目《どうもく》し、その言葉に全員が驚いて男性を見た。

「……いや、俺も何が何だか……」

男性は駆け落ちして行方不明になっていた伯父だった。

喪服は着ておらず、祖父の訃報や火葬の場所をどうやって知ったのかと聞かれると歯切れ悪く言葉を濁す。

とにかく皆揃って祖父を見送ろうという方向に話がまとまったとき、係員が飛んできた。

「火！　ちゃんと点きましたよ！」

点検しても異常はなく、何故《なぜ》火が入らないのか分からなかった。

何度やっても駄目だったのに、何故か急に点火したという。伯父が現れたタイミングもあり、親戚中が祖父が伯父を呼んだのだと大騒ぎをした。

その間に無事に骨上げとなり、収骨室に案内される。

銀色の収骨台に、骨の破片と灰が載っていた。

その中に、真っ白な頭蓋骨が鎮座している。

祖母は一ノ瀬さんが生まれてすぐに他界しており、一ノ瀬さんは初めて見る人の骨に呆気に取られた。

学校の理科室にある人体模型の骨のような綺麗な頭蓋骨が、祖父の最後の姿だった。

正直、骨を拾うのだと聞いたときには、内心怯えていた。

だが実際に目にすると、存外怖くない。

それに、大きく口を開けた祖父の頭蓋骨は何だか嬉しそうに笑っているようだった。

「――会心の笑みね」

隣で母が泣き笑いのような顔で言った。

喪主は家を継いだ長女である一番上の伯母が務めているので、大叔父と伯母がまず骨を拾うことになった。

「……あの、非常に申し上げ難いのですが」

収骨の作法などを説明する為《ため》に控えていた係員が、沈痛な面持ちで口を開く。

曰く、高齢だと骨が綺麗に残ることは稀で、祖父のように他の骨が殆ど破片のような状態なのに頭だけ綺麗なままというのは係員も初めて目にするらしい。とても良いことだが、頭蓋骨はこのままだと骨壷に納まらないので、最後に親族が専用のハンマーのようなもので割る必要があるという。

「それは正和の役目だろう」

いきなり現れた伯父に骨を拾わせるのかどうかが軽い物議を醸したが、大叔父の一言で参加することが決まった。

長さと素材の違う箸を使って、生前と同じ形になるように足元の骨から骨壷に納めていく。

いよいよ伯父の番になって、伯父が祖父の頭蓋骨を見つめた。

眼鏡の奥の切長の目は、生前の祖父によく似ていた。

「……親父、久しぶり」

伯父の頬を涙が伝った。

その刹那、祖父の頭蓋骨が静かに崩れた。

駆け落ちした後、伯父は妻となった女性の実家に身を寄せていた。相手は家付き娘だったのでそのまま婿養子になって家を継いだ。一人息子は既に東京のメーカーに勤め、義父母を見送り、東北の古い家で夫婦二人のんびりとした時間を過ごしていると、妻がふと、「あなたのお父様には申し訳なかった」と溢《こぼ》した。

長年、結婚を反対された怒りを滾《たぎ》らせていた伯父も、昔とは違った心持ちで祖父のことを思い出すようになっていた。

会いに行こうか、という気持ちが湧く。それを、僅かに残った柵《しがらみ》が打ち消す。そんな葛藤の中である晩、夢を見た。

生家の祖父の書斎にある文机に、祖父が座っている。

何を書いているのだろうと、背後から覗き込んで見ると、自分と妻への謝罪が記してある。はたはたと便箋に水滴が落ちた。祖父が泣いているのだ。

——親父、俺も悪かったよ。もっと話し合えばよかったな。

そう叫んだ瞬間、目が覚めた。

その日の午後、来客があった。

ちょうど妻が買い物に出た折で、家には伯父しかいなかった。

玄関の呼び鈴が鳴って出てみると、喪服姿の若い男が立っている。

色白の目元の涼やかな青年で、何処《どこ》かで見た顔である。

しかし誰なのか分からない。

「あの……？」

伯父が戸惑っていると、青年は宛名のない封筒を一枚手渡した。

深く一礼した後、青年は去っていってしまった。

名乗りもしない喪服の青年の行動を訝《いぶか》しみながら封筒を開けると、夢で見た謝罪の手紙が入っている。涙の跡か、所々字が滲んでいた。夢と違うのは、最後に生家近くの住所が記されていることだ。差出人の名前も書かれていない。

帰宅した妻に事情を話して手紙を見せると、「すぐにここへ向かった方がいい」と言う。

しかし手紙の住所は電車では行き難く、車でも三時間程かかる。

質《たち》の悪い悪戯《いたずら》かもしれないし、新手の詐欺かもしれない。

悩んだ末、伯父は行かないことに決めた。

しかし翌日、近くの国道沿いにある本屋まで車を出した伯父は、何故かそのまま祖父の火葬場まで運転してきてしまった。

本屋に行くつもりだったのに、あらぬ所で道を曲がり、ここじゃない、戻ろうと四苦八苦するうちに高速道路に入ってしまう。

次の出口で降りなければ。そう思っているのに、どんどん車を走らせて気が付いたら火葬場の駐車場に着いていた。

そこで送迎バスを降りてくる喪服の一団を目にした。

大分歳を取ったが、あれは自分の妹達ではないのか――?

バスに掲げられた家名を見て確信した伯父は、呆然としながら控え室に入ってきた。

これが、伯父が一同の前に姿を現すまでの経緯であるという。

一ノ瀬さんは祖父の一周忌法要の折に、伯父本人からこの話を聞いた。謎の手紙もそのときに見せてもらったが、それは確かに祖父の筆跡だった。だが祖父を始め、親戚の誰も伯父の連絡先を知らなかった。

この手紙を届けに来た喪服の青年は、一体誰だったのか。

「……これを届けに来た男、今思えば親父の若い頃にそっくりだったんだよなぁ」

古いアルバムを眺めながら、伯父はしみじみと呟いたそうだ。

骨喰

芳乃さんは幼い頃、芸予《げいよ》諸島の大島に住む祖父母の家に家族で帰省するのが楽しみだった。まだ大島が今治《いまばり》市に合併される前で、祖父母の家は旧行政区分でいう越智《おち》郡にあった。

高校生のときに祖母が亡くなった。精進《しょうじん》落としの席で祖母の実子である母や伯父達が、妙な粉の浮いた白湯《さゆ》を飲み干していた。

粉の正体は祖母の遺骨の一部を砕いたものだった。

越智郡に伝わる古い葬送の風習で、人灰が薬になると信じられていた頃盛んに行われ、徐々に哀惜と供養の意味が加わったそうだ。

祖父のときには行われなかったが、祖母の希望でやることにしたのだという。

「他所《よそ》で生まれた人にはやらないの。春ちゃんみたいになったら嫌だもの」

春ちゃんとは、母の友人である春子さんのことだった。

越智郡で生まれ育った春子さんは大阪から観光できた男性と懇意になった。親の猛反対を振り切って、駆け落ち同然で一緒になったという。数年後、春子さんはその最愛の夫を癌で亡くした。

火葬後の骨上げの際に、春子さんはこっそり夫の骨の一部を持ち帰った。灰色がかった乳白色の小さな骨片を、哀悼を込めて飲み込んだ。

それから暫く経ったある夜。

春子さんはふと目覚めた。床板を叩くような大きな音の後に、何かを引き摺る音が繰り返し聞こえてくる。次第に大きくなるそれは寝室に向かって廊下を這ってくるようだった。春子さんは恐怖に震えた。身体が硬直して動かず、心の中で夫に助けを求めた。しかし遂に、それは寝室に入ってきた。

夜の闇よりも濃い、漆黒の煙のようなものが、四つん這いになった人の形になって、寝室の床を這い回る。

黒い人型は、床に手を付いてはずるりと力なく右足を引き摺る。怯える春子さんの周りを一周した後、どさりと彼女の上に覆い被さってきた。悲鳴も上げられず、春子さんは目を見開いた。

「たりん……たりん……」

絞り出すような声でそう告げると、影は霧散した。

「──あの人よ。骨が足りないって探してる。どうしたら返してあげられるの」

心配して春子さんを訪ねた芳乃さんの母は、虚《うつ》ろにそう呟く友人に何も答えられなかった。

間もなく、春子さんは自殺した。故郷の風習に倣《なら》って飲み込んだ夫の骨は、もう己の血肉となってしまった。

春子さんは苦悩の末、その身体ごと夫に返すことにしたのだ。

「あの世ってきっと想念の世界なのよ。供養の為にやったことでも、それを知らない人にとっては、逆に迷わせることになるのかもねぇ」

直《じき》、還暦を迎える芳乃さんが、遠い目をして言った。

景色

細い路地を抜けると、大きな建物の並んだ大通りに出る。

緩やかな坂道の先には、黄金に水面《みなも》を輝かせる海が見えた。

建物の軒先には色とりどりの幟《のぼり》が立って、石畳の道を縁取る街路樹の百日紅《さるすべり》が、桃色の花を咲かせていた。

レトロな赤いバス、緑色の窓の円い路面電車。

行き交う人々は皆笑顔で楽しそうだった。

賑やかで華やかで、幼い心に強く焼きついたその街の景色が今も忘れられないと、島田さんは微笑んで言った。

「神戸の三ノ宮って行ったことある？　あそこがうんとレトロになった感じの街並みよ」

その街を訪れたのは、夏の暑い盛りだった。

紺色のセーラーカラーのワンピースを着せてもらい、家族皆でバスに乗って家の最寄り駅まで行き、そこから電車に乗り換えた。

長旅だったと言う記憶はない。

降車した駅の名前や、細い路地に至るまでの道のりは覚えていない。宝塚の舞台のような大きな階段のある駅で降りたことは印象に残っていた。

「両親と祖母はその大通りのある大きな建物に用事があるって言ってね、私はもっと街の中を見てみたくて、こっそり建物から抜け出したの。向かい側に同い年くらいの男の子がいてね」

その子もつまらなそうにしていたので、島田さんは声をかけた。

暫くその子と一緒に遊んだ。

道の両側に並ぶ建物の軒先には、幟の他に饅頭《まんじゅう》や甘酒など、様々な食べ物が並べられていた。

それらの甘い匂いに混じって、お香のような爽やかな香りが漂っている。それぞれの軒先には人が集まって、食べ物をつまみながら談笑していた。島田さんと男の子は、通りにある建物をひとしきり見て回った。

途中、柔和《にゅうわ》な顔をしたお爺さんにお菓子を貰った。

薄い水色の包み紙に入った金平糖のような菓子は、口に入れた瞬間ほろりと溶けて、ふんわりと優しい甘さが広がる。

今まで食べた中で一番美味しい菓子だった。

やがて西日が差し始め、両親と祖母が探しに来た。

男の子の家族も彼を迎えに来て、二人はそのまま別れた。

家に帰ってから、今日は楽しかったと母親に言うと何故か怪訝な顔をされた。美しい街並みと一緒に遊んだ男の子が恋しくて、島田さんはまたあそこに連れて行ってと、何度も両親にせがんだ。

「そう何度も行く所でもないのよ」

母親にそう諭されても、島田さんは食い下がった。

尚も連れて行けと地団駄を踏む娘に、島田さんの父親が呆れたような、感心したような妙な表情を浮かべて言った。

「お前も変わってるなぁ。そんなに墓場に行きたがるなんて」

島田さんは目を丸くして父親を見た。

――墓場？

「紺のワンピース着てったっていや、親父の七回忌でお寺さんにお経を上げてもらいに行ったときだろ？　お前は飽きちゃって、本堂の外で遊んでたよなぁ。供養されてるとはいえ、墓の中でよく一人で遊べるなって俺はまぁ感心したよ」

島田さんは信じられなかった。

「まあそんなに行きたいなら連れてってやるよ。親父も喜ぶだろ」

父親に連れられて、島田さんは再びその場所を訪れた。

バスに乗り、家の最寄り駅で電車に乗り換える。

三駅程で降りた駅には、以前見た大階段がなかった。

踏切を渡って、細い路地を入っていく。

その路地は、あの賑やかな大通りに繋がる路地に違いなかった。

島田さんは駆け出した。

この先には、楽しかったあの街があるはず――。

だが路地の先には、広大な墓地が広がっていた。

区画を仕切る石畳の道、その道沿いに桃色の花を付けた百日紅が植えられている。

石畳も百日紅もあの街を彷彿とさせるものだったが、華やかな街並みは何処にもなかった。

海辺の街の山の斜面に造られた墓地からは、海が見えた。

山と海を臨むその景色は、間違いなくあの街と重なるものだったが、広がるのは墓石の群れだ。

「訳が分からなくてね、泣きながら父に抱っこされて家に帰ったわよ。あのとろけるように甘いお菓子も、あの男の子にももうお目にかかれないんだと思ったら、堪らない気持ちになってね」

あの夏の日、自分が遊んだあの街は一体何だったのだろう。

墓場だったと言うのなら、あの男の子は幽霊だとでもいうのだろうか。夢にしては鮮明に思い出せる不思議な記憶を、成長してからも島田さんは大切に抱き続けた。

だからその人を見たとき、すぐにぴんときたのだという。

「二十歳のときにね、郵便局で手紙の仕分けの仕事をしてたんだけど、新しく入職してきた局員が、あの男の子を大きくしたような顔をしていたのよ」

思い切って声をかけると、相手は酷く驚いた様子でこう言った。

「ずっと夢だと思っていました。あのときの女の子は本当にいたんですね」

彼もあの不思議な街のことをしっかりと覚えていた。

だが、家族には墓参りに行っただけだと言われてしまった。

後で確かめに行ったが、細い路地と石畳、百日紅という面影を残して街は墓地に変わっていた。

二人は再会を喜び合い、すぐに意気投合した。

交際が始まってから結婚に至るまで、とんとん拍子だったという。

結納《ゆいのう》の折、既に鬼籍に入っていた二人の祖父が古い友人同士であることが分かった。

「二人して幻覚を見たのかしらね。二人とも家族と墓参に来てたんだけど、日にちは一日ズレてたのよ。本当はうちの祖父の七回忌法要の日に、彼の家も墓参りに来る予定だったんだけど、彼が熱を出して次の日にしたんですって」

本来なら、島田さんと男の子は出会《でくわ》してすらいなかったはずだった。

しかしあの不可思議な街で、幼い二人は出会った。

「何から何まで妙よね。御先祖様達が総出で予定調和させたとしか思えないわ。いい御縁を結んでもらったから、向こうに行ったら御礼を言わなくちゃね。まあ彼が先に言ってくれてると思うけど」

島田さんの夫はこの春先に亡くなった。

先祖代々の墓に夫の骨を納めるとき、確かに一瞬、あの美しい街の景色が見えたそうだ。

隙間

水色のダウンを着た細い後ろ姿が、霧雨の向こうに霞んでいた。

——また、いる。

その日何度目かの遭遇に、中島くんは眉を顰《ひそ》めた。

中島くんは都内の私大に通う大学生だった。土曜日の講義の後、暫く構内でだらだらと過ごし、偶々《たまたま》出会した友人と中島くんの部屋で呑もうという流れになった。中島くんは叔母さんの所有するマンションで独り暮らしをしており、そのマンションは池田山の住宅地にあった。五反田で電車を降りた二人はコンビニで酎ハイや軽食を買ってマンションに向かった。

十一月の終わりの夕刻で、まとわりつくような冷たい霧雨が降っていた。五反田公園を突っ切ろうと園内の坂道を登っていると、少し前を女が歩いていた。

水色のダウンに、タイトなジーンズを穿いている。湿った長い黒髪が、背中に張り付いているようだった。

細い脚が何とも頼りなく、何処となくふらついているように見えた。

傘もさしていない。

中島くんは女の姿を目に留めたが、特に気にすることもなく友人と話しながら坂を登っていった。途中で女を抜かした。俯いている女の顔は見えなかった。

池田山の住宅地に入り、十字路に差し掛かった。

一旦足を止める。ふと前を見ると、水色のダウンが目に入った。

ジーンズを穿いた細い脚。傘もささずにふらふらと歩く足取り。

先程公園の坂道で追い抜いた女に思われた。

中島くんは訝しんだ。

自分達は公園から真っ直ぐに歩いてきた。途中で追い抜いた女が自分達の前を歩いているということは、女が何処かで迂回《うかい》して先回りをしたとしか考えられない。

「……あの女、さっき追い越したよな」

友人がぽつりと言った。中島くんは頷《うなず》いた。

友人も中島くんと同じ疑問を抱いているようだった。

「何か気持ち悪いから次で曲がろうぜ」

住宅地の中を走る道は碁盤の目のようになっている。遠回りになるが、次の十字路で左折して一本奥の道から帰ることにした。

ところが、左折した道の先にまた水色のダウンの女がいる。

女は確かに十字路を真っ直ぐに進んでいった。それを確かめてから自分達は左に曲がったのに。——ありえない。

「……なんだよ、あいつ」

中島くんと友人は女を避けるように再び道を曲がった。

だが、曲がった先にまた、いる。

二人は無言で駆け出した。

水色のダウンの女を追い越して、出鱈目《でたらめ》に道を曲がる。

やがて中島くんのマンションがある通りに出た。

前には、霧雨に霞む水色のダウン。

中島くんと友人は、立ち止まって女が歩いていくのを見据えた。

女はマンションの前を通りすぎ、段々と二人から離れていく。

二人は安堵して、急いでマンションのエントランスに駆け込んだ。

中島くんの部屋は四階にある。エレベーターに乗り込んで四階を押すと、ドアが閉まり上昇が始まる。

エレベーターの扉には硝子《ガラス》窓が付いており、フロアライトの灯った明るい内廊下と、階の間にある暗いコンクリートの壁が交互に映る。

「うわあああっ!!」

息を弾ませてエレベーター内の壁に寄りかかっていた二人は、同時に大声を上げた。すぐに四階に止まり、先を争うように二人は外へ出た。

「やばいやばいやばいっ!!」

すぐ下の階に、全裸の女が立っていたのだ。

エレベーターの硝子窓越しに、ガリガリに痩せた青白い女が俯いているのが見えた。

「警察、警察に通報しないと!」

携帯を出した中島くんに友人が「馬鹿!」と叫んだ。

「何だよ! 不審者が出たんだぞ!?」

マンションに変質者が出たのだ。住人だとしても頭のおかしい女がいる。警察に通報して、管理会社にも連絡しなければ。

中島くんが反論すると、友人は蒼白な顔をして震えながら言った。

「……不審者じゃねぇよ！　あの女の後ろ真っ暗だっただろ！」

「それが何だよ⁉」

「わかんねぇのかよ！　あいつフロアとフロアの間にいたんだよ！　生きてる人間のワケねぇだろ⁉　さっきのダウンの女と言い、なんかやべえよ！　気持ち悪い！」

友人はそう叫ぶと非常階段を駆け降りていった。

フロアとフロアの間に——。青白いガリガリの身体の後ろは、確かに墨で塗り潰したように暗かった。

総毛立った中島くんも、慌てて後を追った。

二人は駅前のファミレスで朝まで過ごした。

怯え切った中島くんは結局その後もマンションに帰れず、友人の家に暫く泊めてもらって引っ越しをした。

叔母に忠告したが、叔母は意に介さない様子でその部屋を賃貸に出してしまった。

「……水色のダウンの女と体型は似ていました。でも同じ女かどうかは分かりません」

もう十年も前の出来事だが、中島くんは未だに五反田の周辺を歩く気にはなれないという。

監視

「いや、ただ夢を見るってだけの話なんですよ……怪談とか、そういうのとは違うかも」

精神的に病んでいただけの話だと前置きをして、涌井くんは話し始めた。

涌井くんは山口県の出身で、大学進学と同時に東京へ出てきた。

年子の弟が翌年、やはり進学と同時に東京へ出てきて、涌井兄弟はルームシェアをすることになった。涌井くんが先に独り暮らしをしていた部屋では手狭なので、それぞれの学校の中間地点に新たな部屋を借りて住もうと決まり、物件を探していると、弟が五反田にちょうどいいアパートを見つけてきた。

玄関を入ってすぐに台所とユニットバスがあり、その奥に五畳程の部屋が二つ並んだ2DKで、古くて駅から徒歩数がある為相場より家賃が安い。水場とフローリングはリフォームが施され、築年数から想像されるよりずっと綺麗な物件だった。

いい部屋を見つけたと、弟を褒めた涌井くんは新生活が始まった春に心を躍らせていた。涌井兄弟はルームシェアに当たって、幾つかのルールを決めておいた。その一つに、事前に連絡なく誰かを部屋に連れて来ないというものがあった。

だがその取り決めは、弟に呆気なく破られた。

ある日涌井くんがバイトから戻ると、玄関に多数の靴が脱ぎ散らかされていた。弟の部屋から騒ぎ声が聞こえる。

――まあ、友達ができたのはいいことだしな。

涌井くんはルールを破った弟を咎《とが》めなかった。

それが間違いだった。弟が涌井くんに断りなく、部屋に複数の友人を頻繁に連れて来るようになってしまった。

脱ぎ捨てられた汚れたスニーカー、台所に散乱する空き缶やゴミ。

薄い壁を擦り抜けて耳朶《じだ》に響く笑い声に、涌井くんの我慢は限界に達した。

「――お前ふざけんなよ！　俺が何も言わないからって調子に乗りやがって！」

弟の部屋に怒鳴り込んだ。へらへら笑っていた弟とその友人達が俄《にわ》かに黙った。友人達はばつが悪そうにそそくさと帰っていき、弟は意外にも素直に謝ってきた。

台所を片付けておくことと、二度と無断で人を連れて来ないことを約束させて、涌井くんは自室に戻った。

眠りに就くと、おかしな夢を見た。

弟の部屋の入り口に、涌井くんは立っている。弟も寝ているのか、部屋は仄暗い。カーテンの隙間から、アパートの向かいにある居酒屋の明かりが漏れていた。涌井くんは、ベッドに寝ている弟をただ見ている。それだけの夢だが、やけにリアルで生々しかった。

それから頻繁に、同じ夢を見るようになった。

こいつを監視しておかないと、また俺に断りなく人を呼んで騒ぐかもしれない――。

次第に夢の中で、涌井くんはそんなことを思うようになった。

夢の中の涌井くんの心配は全くの杞憂《きゆう》で、怒鳴られた日から弟はちゃんとルールを守るようになっていた。

友達や彼女を連れて来るときは必ず連絡があり、それに合わせて涌井くんは友人の家に遊びに行ったり、時には弟の友人達に混ざって騒いだりした。弟も同じだった。

だが夢は続く。

夢の中で眠る弟を見下ろす涌井くんは、ふと思い至った。

またいつ、ルールを破るか分からない。だったら。

――だったら、首を絞めてしまおう。

そう思った所で、びくりと身体が慄《おのの》いて目が覚める。

心の奥底で弟に対する蟠《わだかま》りがあるのかと、涌井くんは真剣に悩み出した。と、同時に弟にも異変が起こり始めた。

食欲が落ちていき、ぼんやりすることが増えた。

講義の予定やバイトのシフトを忘れてすっぽかす。

見る間に頬が瘦《こ》け、目の下に濃い隈が浮くようになった。

涌井くんが病院に行くように促すと、弟は力なく笑って言った。

「平気平気、何か眠りたくないんだ。誰かがじっと見下ろしてくる夢を見るから」

涌井くんはどきりとした。自分は弟を見下ろす夢を見る。

弟は自分に見下ろされる夢を見ている……？

不可思議な符合だが、あくまでも夢だ。そんな夢のことよりも、不眠に陥りかけている弟の体調が気掛かりだった。

涌井くんは弟の友人に相談し、二人がかりで嫌がる弟を心療内科に連れて行った。環境の変化に伴う心的ストレスと判断され、軽い睡眠薬を処方されたが、弟は飲まなかった。

「――眠ったら殺される！　暫く放っといてくれ！」

遂に弟は、部屋から出てこなくなった。

涌井くんの奇妙な夢も続いていた。相変わらず、眠る弟を見下ろしている。首を絞めてしまおうと思う。近頃、それを実行しようと弟の首に手を伸ばす。そして気付くのだ。

夢の中で触れた弟の首元が、酷く冷たい。

ああ、死んだか。これでやっと安心できる。

涌井くんは悲しみもせず、心の底から安堵する。その刹那――。

びくりと身体が慄いて、夢から覚める。

眠るたびに、涌井くんはその夢を見るようになっていた。

これは、ダメだ。

涌井くんは山口の両親に連絡を取った。弟が体調を崩し始めてから、母親には様子を知らせていたが、もうこのままでは、本当に弟が死んでしまう。涌井くんから次男のただならぬ状態を聞いた両親は、すぐに上京してきた。

学校に休学を申請し、嫌がり暴れる弟を部屋から引っ張り出して、実家に連れ帰った。

「暫くこっちで療養させるから」

涌井くんは、胸を撫で下ろした。

弟が実家に戻り、２ＤＫの部屋は不要になった。両親が引っ越し費用を出してくれると言うので、涌井くんは大学近くの別のアパートに移った。２ＤＫの部屋を引き払ってから、涌井くんは夢を見なくなった。実家に帰った弟は、程なく回復して復学した。

弟が東京に戻ってきても、涌井兄弟はルームシェアはせず、それぞれ別の部屋で生活することにしたという。

「……弟とは仲が良いと思ってたんですけど……俺は多分心の底で弟のことを許せていなかったんです。あの夢はそれの現れです。自分の執念深さというか、心の狭さというか……とにかくそういうのを突き付けられたみたいで、落ち込んでますよ」

まだ若いにも拘らず、落ち窪んだその目を見て、私はふと疑問に思った。涌井くんはおかしな夢を自分の心の所為《せい》だと頑なに思い込んでいるが、本当にそうなのだろうか。

同じ部屋に暮らす二人が、共通する夢を頻回に見る。その偶然は、果たしてどれ程の確率で起こるのか。

それを考えると、何やら身の凍る思いがする。

順番

色のない白い空が頭上に広がっている。

遠くに水墨画のような山の影が霞んでいた。

足元には、一面の花。

足首に届くくらいの高さで、葉の付いていない真っ直ぐな緑の茎が、真っ白な玉砂利を敷き詰めた地面から伸びていて、その先に桔梗に似た花弁が付いている。

色は白と黄の二色で、その二色の花が見渡す限りに広がっていた。

暑くも、寒くもなかった。酷く身体が軽やかで、清々しい気分だった。何となく遠くにある山を目指そうという気持ちになって、花を踏まないように歩き始める。暫く行くと、前方にきらきらと輝く細い帯状のものが見えた。

近寄ってみて、それが陽の光を反射する水面だと分かった。

川がある。滑らかな美しい小石を敷き詰めた川底が透けて見える小川は、田圃の用水路程の幅しかなく、一歩で跨げるようなものだった。

近くに小さな木の橋がかかっている。

彗さんはその小川を越えようとした。右足を出しかけた瞬間、頭の隅にいや、あり得ないだろという言葉が過《よぎ》った。

何がありえないのかよく分からなかったが、反射的に宙に浮かせた足を引っ込めた。

川縁《かわべり》に座り込んで山影を眺めていると、何となくこれは三途の川だという考えが湧く。よく既に鬼籍に入っている先祖や知人が迎えに来るとか、来てはいけないと追い返すとか言われているけれど、誰もいない。

煌めく川面を見つめながら、この白い空の何処に太陽があるのかな、などとどうでもいいことに思いを馳せていた。

ふと顔を上げると、川向こうに犬がいる。

「――テツ」

彗さんは犬の名前を呼んだ。その犬は彼が中学生のときに二十歳で大往生を遂げた愛犬コテツだった。コテツはミックス犬で顔がシェパード、身体は柴犬というちょっと笑える姿をしていた。

その不恰好を間違えるはずがない。彗さんが生まれる前から家にいて、子守りをしてくれた優しい犬だ。

テツは川の向こうに座って、尻尾を振っている。

父方、母方ともに祖父母は鬼籍に入って久しい。

何故祖父母でなく、御先祖様でなく、犬のテツが出てくるのか全く謎だったが、思いがけない再会に喜んでいると、テツが首を横に向けた。見ろ、と促すような素振りにテツの横に視線を向けると、小さな赤トラの猫がいる。この当時はまだ存命の愛猫、小つぶちゃんだった。愛らしいお腹を見せて気持ち良さそうに寝転んでいる。

その少し離れたところに、人が座っていた。

裏の家に住む小林のおじさんだった。その隣には、保育園のときの山瀬園長が正座をして微笑んでいる——。

川向こうのテツを筆頭に、何人もの人や動物が並んで座っている。

知っている人ばかりでなく、知らない人や見覚えのない犬や猫もいる。皆、実に穏やかな顔をしていた。

彗さんは一人一人顔を確かめながら川沿いを歩いていく。暫く行くと父を見つけた。

その二人先に母もいた。

それから大分歩いた所で、彗さんは自分を見つけた。

川の向こうの自分の隣にも、まだまだ誰かが並んでいる。

自分の隣にいる人の顔を見ようとした瞬間、左手首に激痛が走り、彗さんは長い夢から覚めた。

「本当によかった、もう少しで危ない所だったんだよ」

感染症患者用の隔離された病室の中で、まだ若い男性の医師が涙ぐみながら彗さんに告げた。

看護師が彗さんの左手の親指の付け根に点滴の針を刺していた。

彗さんは麻疹による肺炎を起こして死にかけていたという。

ちょうど三月の春彼岸の頃だった。

この数年後に大学生を中心に麻疹が大流行し、多くの大学で休校措置が取られる事態となるのだが、このときはとっくに予防接種を受けているはずの十八歳の彗さんが麻疹に罹患するとは誰も想像しなかった。

また、熱ばかり長引いてあまり発疹が出なかったことも診断を遅らせる一因となり、漸《ようや》く病名が分かったときには、既に昏睡状態に陥っていた。

退院して数ヶ月後、彗さんの愛猫・赤トラの小つぶちゃんが急死した。まだ二歳の若さだったが、先天的な腎疾患が見つかり、手の施しようがなかった。それから一年後、裏の家の小林のおじさんが亡くなった。死因は持病の糖尿病の悪化だと聞いた。

数年後、保育園の山瀬園長の訃報を知らせるはがきが届く。享年八十三歳だった。

——全員、意識を失っている間に見た夢の中で、小さな川の向こうに並んでいた。そしてその順番通りに亡くなっている。

夢から覚めてから、初めて会う人にも既視感を感じるようになった。

自分と出会う人は皆、川の向こうの何処かにいたのだ。

彗さんは怖いとは思わなかったそうだ。

夢の中の景色はとても美しく、懐かしく、優しかった。

一切の不安も恐怖もなかった。

澄んだ川の向こうに並ぶ人々の表情は、例外なく穏やかだった。

「僕は亡くなる時期は分かりません。でも縁のある人の向こうへ行く順番は何か、分かるようになっちゃったみたいなんですよね。怖くはないですよ。だって既に決まっていることを垣間見てきただけですから。あ、あなたはもっとずっと先にいたので長生きなんじゃないかな」

あれから十数年が経ち、彗さんは何度か知人を見送った。

今のところ全て、あの美しい夢の順番通りであるという。

運命

小学五年生の悠ちゃんは、反抗挑戦性障害という精神障害を持っていた。暴言や問題行動が目立ち、両親を始め、周囲の大人達を困惑させる。少しでも気に入らないことがあると、誰彼構わず「殺す」と脅しをかけ、部屋中をめちゃくちゃにする子供だった。

両親は娘の障害を認めず療育を拒んできた為、専門員である真波さんが担当に就いたときにはかなり状態が悪かった。

記憶力は飛び抜けていい。答えの曖昧な質問を繰り返して、大人の回答を一文一句完全に覚えた後、以前と少しでも違う答えを返そうものなら容赦なく責めたてる。

血塗れの恐ろしい絵を何枚も描いては、周りを不安がらせもした。

馬の合わない教員を二人療休に追い込んだ悠ちゃんだったが、真波さんに出会って少しずつ落ち着いていった。

変わっていく娘を見て、頑なだった両親も真波さんの話に耳を傾けるようになり、かねてより勧めていた県内の総合病院の小児精神科での診察を受け入れてくれるようになった。暴れることはなくなったが、相変わらず不気味な絵は描き続けていた。両親によると、幼稚園の頃から同じ絵を描いているという。

小学校卒業間近、春休みのある日、悠ちゃんの母親から真波さんに相談が寄せられた。前のように暴れたり罵ったりすることはないのだが、休みに入ってからずっと部屋に閉じ籠もってあの不気味な絵を描いているらしい。

すぐに真波さんは悠ちゃんの家を訪問した。

部屋から出てこないかもしれない、という母親の心配を他所に、悠ちゃんはすんなりと真波さんの前に現れた。

「……また絵を見に来たんでしょ。はいどうぞ、どうせ先生には分かんないだろうけど」

怒りを露わにすることもなく、淡々と悠ちゃんはそう言うと、ばさりとA４のスケッチブックを真波さんに放った。狼狽《うろた》える母親を制して、足元に落ちたスケッチブックを拾った真波さんは、悠ちゃんを仰ぎ見て目を見張った。

生気のない白い顔。冷え切った暗い眼差し。

全身から、深い絶望が漂っていた。

思わず言葉を失った真波さんを、悠ちゃんは黙って見下ろす。

そのまま暫く見合っていたが、ふと悠ちゃんが視線を逸らし、自室に戻っていってしまった。手元のスケッチブックを開いてみると、今までの血みどろの絵ではなく、都内の繁華街を思わせる街並みが精巧な水彩画で描かれている。十二歳の子供の手によるものとは、とても思えない写実的な仕上がりだった。

真波さんはページを捲った。

そこに描かれていたのは、人の顔だった。これも初めて見る絵だった。大学生くらいの細身の男性で、黒髪の短髪に眼鏡をかけている。

整った顔立ちで、人好きのする柔和な笑みを浮かべていた。

好きな有名人でも描いたのだろうか。

次のページには、単身者用のアパートの一室が描写されていた。

次のページは真っ黒に塗り潰されていた。

その次のページで、真波さんの手が止まった。

先程の男らしい人物が、ノコギリのようなものを振り上げる様子を下から見上げている絵だった。

不穏な予感に、真波さんの鼓動が早くなる。

思い切ってページを捲って、真波さんは絶句した。

裸の少女の白い胴体、長い髪の巻き付いた頭部、散らばった四肢。

血飛沫の散った凄惨な光景が、そこに広がっていた。

これまでも描いていた血塗れの絵が更に詳細に描かれており、真波さんは言葉を失った。

反抗挑戦性障害は、思春期以降、犯罪に至る行動を衝動的に取ってしまう事例も報告されている。少女をバラバラにする若い男を描いた絵は、禍々しく狂気に満ちていた。

悠ちゃんの両親は、一見大人しく見える娘の心奥に巣食う闇を案じていた。

人を殺したいという衝動が、悠ちゃんの裡《うち》に静かに渦巻き続けているのかもしれない。

さすがの真波さんも心配になった。

念の為、真波さんは母親と一緒に月一診察の担当医を訪ねて相談をした。

細かく記録されたこれまでの悠ちゃんの発言や行動記録、療育内容などの報告をひとしきり聞いた医師は、悠ちゃん自身に言動の改善意志が見て取れることなどを挙げて、衝動的に犯罪を犯す確率は低いと判断した。

母親は胸を撫で下ろし、先に帰宅したが、真波さんは言い知れぬ不安を拭いきれなかった。自分が療育に関われるのは、中学までである。その後は――。

暫く担当医と話をしていると、医師がふと悠ちゃんの療育記録に視線を落として言った。

「……ずっと話そうか悩んでいたんですけど、あの子は本当に障害があるのか、実の所僕は判断しかねているんです」

予想外の言葉に、真波さんが眉根を寄せて医師を見る。

「極めて判断が難しいけれど、反挑障害ではなく、何かの強迫観念から反抗を続けているような……そんな印象を最近受けます」

にこりともせず、咀嚼《そしゃく》しきれない何かを噛み締めるように医師が告げた。

その後、真波さんは悠ちゃんと何度も話をした。真波さんに対峙する悠ちゃんは、療育の過程でかつて見せた楽しげな表情も、目の輝きも、何もかもが失われてしまっていた。

いつかの饒舌《じょうぜつ》さが嘘のように唇を引き結び、喋らない。

「……何かに抵抗しようとして、態《わざ》と反抗しているの？」

精神科医の言葉を思い出した真波さんは、そう尋ねた。

精神障害の専門員としては、タブーとも言える質問だった。

真波さんの問いかけに、悠ちゃんはぽつりと呟いた。

「……あたしを苛立たせていたのは、頭の中の声なんだよ」

悠ちゃんが描いた一連の絵は、物心付いた頃から繰り返し頭の中に表れる映像の描写だった。順番はその都度バラバラで決まりがなかったが、悠ちゃんは断片でしかない映像を自分で入れ替え、ストーリーを組み立てていった。

すると、最後に脳裏に声がこだまする。

——こうなるんだよ。

その声に抗う為に、いつも攻撃的な態度を取っていたと悠ちゃんは告げた。

一時はその声が収まり、映像も消えたのだという。だが、より詳細になって、脳裏に浮かぶ映像が蘇り出した。

——逃げられないよ。

また、あの声が囁いたという。

真波さんは、悠ちゃんの思いもよらない告白にどう対処していいのか戸惑った。

「先生、ごめんね。運命だから、もうどうにもならない」

療育の最後は、彼女の謝罪で締め括られた。

どうにもならない。

力のない諦念の言葉が、ずっと真波さんの心に引っかかっていた。

「高校に進学してからも、連絡を取り続けようと思いました。だけど彼女から一切の接触を拒否されました」

そうして三年後、高校を卒業した悠ちゃんは出会い系サイトで知り合った男に殺された。男のアパートの大家がペット禁止の物件であるにも拘らず、大量の猫砂とブルーシートを購入してきた男を訝しみ、注意しようと呼び止めた。男が暴れた為付近の住人が通報し、事件が発覚した。部屋に入った警官が、浴槽の中で事切れている悠ちゃんを発見した。男に絞殺されたのだ。男は悠ちゃんを解体しようとして、猫砂やブルーシートの他に電動ノコギリまで用意していた。

「……ニュースで見た犯人は小太りで陰気な顔をしていました。待ち合わせた場所も、殺されたアパートも彼女が描いた絵の通りだったのに、犯人の顔は違ったんです。顔が違うから、彼女はもしかしたらって思ったのかも知れません。もしかしたら運命は変わるかもって。だけどバラバラにされなかったことしか変わらなかったんですよ」

運命だから、どうにもならない。
悠ちゃんの呟きが、真波さんの耳朶にこびりついて離れないという。

告白

柚木さんは家の最寄りのバス停でバスを待っていた。

住宅街を経由して総合病院に向かうバスで、平日の昼間は乗客も疎《まば》らだった。

還暦間近にして側湾症と診断された。数年のうちに急速に背骨の状態が悪化し、歩くことが困難になり、一年前に手術をした。

それから月に二、三度、リハビリの為に通院している。

年上の夫は免許を返納している為、通院にはバスを使う。

バスに乗り込むと、柚木さんは一番後ろの座席を見た。

——今日も、いる。

病院行きのバスに、いつも乗っている女性がいる。

鮮やかなオレンジ色が褪せたような色味のマキシ丈のワンピースに、白いカーディガン。

いつも同じような服装をしていた。

初めてその女性を見たとき、柚木さんはギョッとした。

首が真横に折れ曲がっていたからだ。

傾いているという状態ではない。左側にがくりと、九十度に倒れているのだ。束ねていない長めの黒い髪が、ばさりと顔に落ちかかっているのも、何やら怖気《おぞけ》が走る一因になっていた。

だが同じ病院の前で降りていくので、怪我か病気で通院しているのだと思い至った。まだ二十そこそこの若い女性だった。

柚木さんは驚いてしまったことを内心恥じた。

その日、病院の前でバスを降りた柚木さんは、自分の前に降りていった女性が途中で立ち止まるのを見て、思わず声をかけた。

「どうされたの？　バスでの通院は大変よね。人を呼んできましょうか」

すると女性は柚木さんを虚ろな目で見てこんなことを言った。

「……あたし楽になりたくて……」

柚木さんは女性の心が弱っているのを感じた。初見で密かに驚いてしまったこともあり、身体の辛さだけでなく、きっと周囲の偏見にも耐えなければならない彼女の苦痛が推し測られ、罪悪感のような苦い気持ちが広がった。

「通院が長引くと大変よね……私もリハビリを伸ばされてちゃって……お互い頑張りましょうね」

柚木さんが励ますと、女性は虚ろな目をしたまま「もう無理です」と呟いた。かける言葉が見つからず、柚木さんが逡巡していると、女性が口を開いた。

「……あたし、キャリーケースに詰め込まれてるんです」

「……え？」

女性の言葉が理解できず、柚木さんは眉を顰めた。

「殺されたんです……向こうの川に沈んでます」

力なく指差してそう言うと、踵《きびす》を返して病院の入り口の方へ歩いていった。

——何？　……どういうこと？

柚木さんは呆然と女性の後ろ姿を見遣った。

夏場でもないのに、細い背中が陽炎のように揺らいで見えた。

耐え難い辛苦に、精神を病んでしまったのだろうか。

そんなことを考えていると、後ろから肩を叩かれた。

振り向くと、柚木さんのリハビリを担当している理学療法士が立っていた。

「どうされました？　何処か痛みます？」

「え、いや……大丈夫ですけど」

「よかった。一人で立ち止まってらっしゃるから、具合が悪くなってしまわれたかと心配したんですよ」

「一人……？」

理学療法士の言葉に、柚木さんは首を傾げた。

「ええ。今日は付き添いの方でもいらっしゃるんですか？」

「私、今若いお嬢さんとお話していたのよ。ちょっと……首に疾患のある方で……」

柚木さんがそう告げると、理学療法士は怪訝な表情をした。

「……柚木さん、お一人でバスから降りてきて急に立ち止まられましたよね？　私そこのトレーニング室からお見かけして心配になってお声をかけたんです」

平日の昼間、病院の前でバスを降りたのはあの女性と柚木さんだけだった。自分の前に若い女性が降りてきたことを確認すると、理学療法士は首を振った。

「バスを降りてきたのは柚木さんだけですよ」

柚木さんは急に総毛立った。

理学療法士には、あの首の曲がった女性が見えていなかったのだ。

――キャリーケースに詰め込まれてるんです。

――殺されたんです……向こうの川に沈んでます。

虚ろな女性の告白が、耳朶にこびりついて離れない。

「柚木さん？　大丈夫ですか？」

柚木さんはその場にへたり込んでしまった。

「急遽診察を入れられるし、検査の項目は増やされるし、もう散々でした。付近の川で女性が言ったような事件があったか調べましたが……該当するものは見つかりませんでした」

だが柚木さんは、女性が告白した殺人事件は確かにあったと確信しているという。

女性が指差しした方向には、確かに川が流れていた。

東京と神奈川の間を流れる一級河川、多摩川だった。

「多摩川って百三十八キロもあるし、一番深い所だと四メートル近く水位があるのよ。川底に人の入った小さなキャリーケースが沈んでいても、案外気付かれないと思わない……？」

それから何となく気が引けて、柚木さんはバスでの通院を止め、タクシーを利用するようになった。

だから、病院行きのバスにまだあの女性が乗っているのかは分からない。女性が気の毒だという心持ちもあったが、気味の悪さが勝った。

「幽霊に言われたって言っても、警察は動かないでしょうしねぇ……どうしたら良いのかしら」

柚木さんは真剣な面持ちでそう話を締め括った。

無知

「知らない」ということは、思わぬ怪異を引き寄せる要素なのかもしれない。

田中くんは私大の職員として就職が決まった。

二ヶ月の研修を終えて正式に配属された先は、附属の大学病院の給与厚生課だった。教務の仕事を夢見ていた田中くんは密かに落胆した。大学病院の事務に配属されることは職員の間では貧乏くじを引くようなものだったし、特に給与厚生課は医師や看護師からのクレームも多いと聞く。何よりも嫌なのは、事務室が病院の地下にあり、陽も差さない部屋で仕事をしなければならないことだった。

同期からは「御愁傷様」と手を合わせられた。

悲嘆に暮れながら初日を迎えた田中くんだったが、課長はユーモアに富んだ闊達《かったつ》な人物だったし、先輩達も楽しくて優しい。

時間に追われている医師の中には厳しい人もいたが、理不尽なクレームを付けられることはなかった。

田中くんは勝手に落胆していたことを恥じ、懸命に仕事に打ち込んだ。仕事はやりがいがあり楽しかった。じっとりと暗い地下の事務室だけが、田中くんの悩みの種だった。

「地下二階の方がもっと嫌だよ、一年中ひんやりしてて本当に暗くってさ」

先輩が田中くんを慰めるように言った。

給与厚生課は地下一階にあったが、更に下の地下二階に倉庫を持っていた。地下一階にはコンビニや入院患者用の理髪店、医師達の休憩スペースなどもあり、人の賑やかさだけはそれなりにあった。

地下二階は倉庫代わりに使われている部屋が二つあるだけで、給与厚生課の事務員以外、立ち入らない場所である。

ある日その地下二階の倉庫に、田中くんは過去の社会保険の加入記録を取りに行くことになった。

「階段下って右側に倉庫1、真っ直ぐ進んだ突き当たりに倉庫2があるから。この記録だと倉庫2に入ってるよ。田中は行ったことなかったっけ？　ちょうどいい機会だな」

先輩から鍵を渡されて、田中くんは地下二階に続く階段を下りた。

倉庫があることは知っていたが、実際に行くのは初めてだった。

打ちっぱなしのコンクリートの壁に、深緑のリノリウムの床が暗さに輪をかけていた。

季節は夏の盛りで、お盆休みが近かった。

外に出れば高い青空に輝く太陽が燦々《さんさん》と照りつけているのに、倉庫のある地下二階はしんと冷えている。

階段を下りて右手側が倉庫1、真っ直ぐ進んだ突き当たりが倉庫2……。

「あれ……？」

階段を下り切り、フロアの電気を点けて真っ直ぐに歩を進めた田中くんは、先輩の言っていた倉庫2の扉がないことを訝しんだ。

横を見ると、左手側に更に通路が延びている。

「……こっちの突き当たりってことかなぁ？」

今にも切れそうに明滅している通路の照明に不安を覚えながら、田中くんは仄暗い通路を進んでいく。暫く進んだ所で、案の定照明が切れた。両側にコンクリートの壁が迫る通路は視界が利かない程真っ暗になった。

「まじかよ……」

壁に手を付き、恐る恐る歩いていくと、左手側からうっすらと灯りが漏れている。目を凝らすと、観音開きの木製の扉が見えた。

すぐ先は行き止まりになっていた。

田中くんはその扉を倉庫2の扉だと思った。

誰かが電気を消し忘れている……？　鍵は大丈夫か？

確かめる為に、鍵を刺さずにドアノブを回した。

木の軋む音がして扉が開く。

「――え、」

瞬間、医療用マスクを着け菌帽を被った男に睨みつけられた。

左右にカーテンで区切られた簡易ベッドが幾つも置かれていて、患者らしき包帯姿の人が何人も寝ている。

白いスクラブを着た医師と看護師らしき男女が数人、忙しそうに動き回っていた。

「間違えました、すみません！」

咄嗟に頭を下げて扉を閉めた。

——救急科？　救急科の処置室とこんな地下から繋がってたっけ？

混乱しながら、田中くんはもう一度突き当たりまで確かめた。

先程の木製の扉以外にドアは見つからず、訳が分からなくなった。

田中くんは急いで通路を戻り、上階の事務室に駆け込んだ。

「おう、田中！　社保記録分かったか？」

「——先輩、ひどいっすよ！　地下二階には倉庫一つしかないんでしょ、嘘吐かないでください よ」

話しかけてきた先輩に、田中くんは倉庫2を探して救急科のようなおかしな部屋に入ってしまい、男性医師に睨まれたことを話した。

完全に先輩に担がれたと思っていた。

「いや、嘘なんか吐いてないよ。大体地下二階にはそんな長い通路はないし、観音開きの扉もないぞ。お前こそ嘘言ってんじゃないの？」

あらぬ疑いをかけられて、田中くんはもう一度先輩と一緒に地下二階に下りた。先輩の言う通り、階段を下りて正面に進んだすぐの所に倉庫2のプレートを掲げたドアがあり、その向こうは棚の並んだ十畳程の部屋だった。当然、左手側はコンクリートの壁で埋められており、田中くんが通った長い通路は何処にもなかった。

暫くして年度末の繁忙期に入り、短期の派遣さんが来た。

その人が資料を探しに地下二階に下りて、血相を変えて戻ってきた。

長い通路の先で救急科のような部屋に辿り着いてしまったと、田中くんと同じことを言った。

「白いスクラブってうちの先生や看護師さんで着てる人見たことないんですよ……それにあの部屋、医療機器が一切なかったんです。だから処置室なんかじゃ絶対にないんです。じゃあ何だって言われても困るんですけど……」

田中くんはそれからも何度か地下二階に行ったが、あの長い通路は見ていない。

「知らないって怖いですよね……元の構造をちゃんと把握してたら、絶対あの長い通路歩いていかなかったですもん……僕達は戻って来られたけど、こういう感じで行方不明になっちゃう人も実はいるんじゃないですかね」

腐臭

鵠沼《くげぬま》松ヶ岡地区は明治期に別荘地として整備され、関東大震災後に都内から政治家や実業家が移住したことで高級住宅街となった趣深い場所である。

今では再開発が大分進み、新しい住宅が数多く建てられているが、竹垣や築地塀で囲まれた古い日本家屋もまだまだ残っている。

江ノ島の近くに居を構えている私は、松ヶ岡の風情が好きで愛犬を連れてよく散歩に行く。

湘南の海沿いは意外と細い路地が多い。

行き止まりや抜け道が点在し、迷路のようで楽しい。

立派な松や桜の庭木が、其処此処に枝を伸ばしているのを見ながら、通ったことのない道を探して歩く。犬を連れている人も多い。

「――あら、フレンドリーな柴ちゃんね」

我が家の愛犬は五歳になる雌の柴犬である。名前は小町という。

天真爛漫で人と動物が大好きな小町は、犬を連れている人には尻尾を振って寄っていく。犬を通して、界隈に住む方々とコミュニケーションが取れるのも醍醐味だった。

そんなふうに散歩を楽しんでいると、時々目の前を鼬《いたち》や狸が通りすぎていくこともある。

「アオダイショウも出るわよ。この辺り古い家が多いから、庭に木がたくさん植わってるでしょ。枝に巻き付いていたりするの」

「ええ！　それは嫌だなぁ。絶対に出会したくないです」

私はとにかく蛇が苦手だ。小学生の頃、体育館へ繋がる屋外の階段を下りていたとき、隣にいた池田くんという男の子が蛇に噛まれた。

階段の脇に蟠を巻いていたらしく、急に飛びかかってきたのだ。

それを目の当たりにしてから、蛇が怖くて仕方がない。

「アオダイショウがいるときはね、凄く生臭いっていうか、変な臭いがするからすぐ分かるわよ」

怯える私に、近所に住んでいるという優しげな女性が小町を撫でながら教えてくれた。

そんな話を聞いて暫く経った頃のことだった。

私は印象深いことがあったときだけ日記を付けている。だからその日のことは日付まで鮮明に覚えている。

二〇一九年十一月九日、土曜日のことだ。

夕暮れの境川の川沿いを途中で折れて、住宅街の中を小町と歩く。

住所でいえば藤沢市松ヶ岡一丁目の辺りである。

カリフォルニア風の白い外観の新しい戸建てが並ぶ前に、渋い竹垣が続いている。竹垣から大きな松の木の枝が伸びて、路地の空を覆っていた。急に小町が歩かなくなった。

いつも機嫌よく軽やかに歩いている小町が、姿勢を低くして耳を下げ牙を剥いて唸っている。殆ど見たことがない小町の様子に、私は狼狽えた。宥めても、引っ張っても、小町は頑として動かない。

困り果てていると、生臭いような、何ともいえない妙な臭いがした。

一瞬、アオダイショウがいるのかと思った。

しかし寒くなり始めたこの時期に、果たしてアオダイショウがいるのだろうか。

首を捻っていると、小町が逃げるように数歩後ずさった。

「どうしたの、こまちゃん」

唸り続ける小町の頭を撫でていると、妙な臭いが強まった。

生臭さに混じる、変に甘ったるい臭い。

饐《す》えたメロンのような胸の悪くなる悪臭が立ち込めている。

何かが、腐っている。

そう思った瞬間、竹垣を越えて伸びた松の枝から、何かがどさりと落ちてきた。否、降りてきたのかもしれない。

音に驚いて顔を上げると、中型犬くらいの大きさの尾の長い生き物と目が合った。

白内障のように白く濁った、多羅の葉のような目だった。皮膚が治りかけの痣のような色をしている。体毛のない身体がブヨブヨと撓んでいた。大きさに反して、体高がやけに低く、四肢が太いので、大トカゲや鰐に近い印象を抱かせるが、猫のような立ち耳がある。

全く正体が判然としない。

私は口元を手で覆った。

とにかく臭い。鼻を突く腐臭に、吐き気が込み上げる。

小町が威嚇を続けている。

その不気味な何かは、まるでニタリと笑うように口元の皮を動かす。覗いた黄ばんだ歯列が、人の歯のように見えてゾッとした。

それはゆったりとした足取りで向かい側の家のガレージに入り込んでいった。

——何だ、今のは。

嫌がる小町を抱き上げて、ガレージを窺い見る。

もう姿は見えない。甘ったるい臭いが微かに残っている。

暫く周辺を見渡していると、ガレージの隣の家からお爺さんが出てきて声をかけられた。犬の唸り声が聞こえて、家の中から一部始終を見ていたらしい。

「ありゃ鼬《いたち》だよ。時々ここに出るんだ」

何でもない顔で言うお爺さんに、私は戸惑った。

「……でも、あれ……鼬、ですか？」

またガレージを見遣って言った私に、お爺さんは溜め息を吐いた。

「あれに昔俺ん家の犬、食い殺されたんだ……鼬ってことにしときな。この辺犬連れて通らない方がいいよ」

私は小町を抱き締めたまま走り去った。

今でも松ヶ岡近辺に散歩に行くが、あの竹垣の前は通らないようにしている。

不安

篠原さんは散歩をすることが好きだった。

東京から鎌倉の戸建てに引っ越してきたばかりで、小さな雑貨屋や古民家風のカフェなどが並ぶ鎌倉の路地を散策するのが楽しかった。

滑川沿いを歩いていたとき、太鼓を打ち鳴らす音とともに曲の付いた読経のような不思議な調べが聞こえてきた。

——あら、御詠歌かしら。さすが鎌倉ね。

独特のリズムで打ち鳴らされる太鼓に混じって、大勢の人の歌声が響いてくる。

寺社仏閣の多い鎌倉ならではの風情を感じて、篠原さんは足を止めて暫く聞き入った。

太鼓の音と歌声は段々と近付いてくる。歌いながら練り歩いているのだろう。

だが、音のする方を見ても歌っている人々の姿が見えない。

篠原さんは首を傾げた。

……裏の通りを歩いているのかしら？

路地を一本後ろに入って探してみたが、すぐ近くで聞こえる太鼓と歌声の主達に遭遇することはなかった。

これ、何処から聞こえてくるの……？

少し気味が悪くなって、ちょうど向かいにあったコーヒーショップのテイクアウトカウンターでコーヒーを買った。ついでに店員に話しかけた。

「このお経みたいなの何でしょうね？　朝から大勢で歩いてるみたいですけど」

「さあ……この辺お寺が多いですからねぇ」

若い店員も首を捻っている。コーヒーを受け取って、篠原さんは再び歩き出した。音はすぐ後ろから聞こえてくる。

篠原さんはまた立ち止まった。

両側を、太鼓の音と数十人の歌声と足音が通りすぎていく。

そのとき何故か、黄土色の衣に錦糸の刺繍の入った白い袈裟姿の痩せた僧侶が小さな太鼓を叩きながら民衆を引き連れている様子が脳裏に浮かんだ。

篠原さんは両手で耳を押さえてその場にしゃがみ込んだ。

買ったばかりのコーヒーを落としてしまったが、酷い耳鳴りがしてとても立っていられなかった。

今、通りすぎた……。

目を瞑ると、大勢の人々の汚れた裸足の足や、垢じみた黄土色の衣が過ぎる。目眩がして、冷や汗が出る。

――ダメだ！

篠原さんは、耳鳴りと目眩を振り切るように目を開けて立ち上がった。もう太鼓の音も歌声も聞こえなかった。

ふらつきながら、見えない一団が去っていった方向とは逆に歩き出した。家に帰って様々な宗派の御詠歌や経文を調べたが、先程の歌に該当するものは見つけられなかった。歌の言葉は、永平寺の法戦式に似た発音だったという。

「ありがたい感じは全然なかったわ。聞いてると無性に不安になるっていうか……何なのかしら、あれは。私、聞いちゃったけど大丈夫よね……」

篠原さんは今、難聴に悩まされている。耳鼻科に通っているが、原因が分からず不安な日々を過ごしているそうだ。

紫陽花《あじさい》

「やばい人に担がれたって言えばそれまでなんだけどね」

茅ヶ崎で美容院を営んでいる小宮さんの趣味は登山だった。

本格的なものではなく、地元の低山に日帰りで行く。自分のペースを崩さない為に、山には一人で赴くという。

梅雨が明けた七月頭のある日、小宮さんは鎌倉のハイキングコースを歩くことに決めて家を出た。

浄智寺脇から葛原岡神社を抜け、源氏山公園を通って、大仏で有名な高徳院の裏手の山に出る約三キロの行程だった。

菩提樹の黄色の花が甘い香りを漂わせ、桔梗の鮮やかな青紫が目を楽しませてくれる。

途中にある東慶寺の紫陽花も、まだ花を付けていた。予定よりも早く目的地に到着した小宮さんは、長谷の辺りを散策することにした。

寺院の総門に続く参道の両傍には、昔ながらの土産屋や天ぷらの老舗が暖簾《のれん》を下げている。見て歩くだけでも心が弾んだ。

ふと総門の方を見ると、中年の女性が紫陽花の房を抱えてこちらに歩いてくる。薄い紫のエプロンを着けた、いかにも近所のおばさんという風情だった。

紫陽花は、濃い青と赤紫の、房が丸く膨らんだ大ぶりのもので、女性の顔程の大きさがある。

随分立派な花だなぁと、小宮さんは思った。先程東慶寺で見た紫陽花は大分色が褪色して、もう花の時期は終わりなのだということを如実に語っていた。

「――え」

女性とすれ違う一瞬、紫陽花の房が、人の首に見えた。

眠るような穏やかな表情をした、男と女の生首。

蝋のような生気のない白い肌は人形めいていたが、頚部の切断面が赤黒く変色して、嫌に生々しい。

振り返って目を凝らして見ても、やはり紫陽花ではなく、生首に見える。平日の為人出は疎らだが、若い女の子の二人連れが件《くだん》の女性とすれ違った。しかし平然としている。

「自分の目がおかしくなったのかもと思って、じっと見送っちゃったの」

すると女性がこちらを見て手招きのような仕草をした。

小宮さんは周りを見渡した。どうやら自分を呼んでいるらしい。

躊躇《ため》っていると、近くの店先に座っていた作務衣《さむえ》の男性に声をかけられた。

「あれ、何なのか知りたい？」

訝しみながらも頷く小宮さんに、男性は溜め息混じりに呟いた。

「俺の知る限り、聞いた人みんな死んじゃってるの。首吊り」

「まさか」

揶揄《からか》わないでくださいよと、小宮さんは笑った。

「みんな死んじゃってるなら、あなたは何なんです？」

小宮さんの問いかけに、男性は力なく笑った。

「俺も死んじゃってるの。首吊り」

好奇心は身を滅ぼすよと、真顔で言う男性を残して、小宮さんは足早に立ち去った。

祈り

丹沢東部にある鐘ケ嶽は、神奈川県厚木市の七沢温泉郷に登山口を持つ。山頂の手前には七沢浅間神社が鎮座しており、地元では浅間山と呼ばれている。

中学に上がる年の三月、登山が趣味の父とこの山に登った。

標高五百六十一メートル。さほど難しい山ではないが、山道に慣れていない私が一緒なので、多めに休憩を取りながらのゆっくりとした山行になった。途中で青いリュックを背負った六十代くらいの男性に追い越された。

挨拶を交わし、大山方面まで足を延ばす予定だと言い置いて、男性は軽やかに山道を登っていく。

「健脚だなぁ。今度登るときは俺達も大山の方まで行けるといいな」

父が感心したように微笑んだ。

山頂からは別の下山ルートもあるが、私達は浅間神社に参拝することが目的だったので、山頂までは行かずに神社の前で少し休んでから来た道を戻ることにした。

三百段以上石段を下り、木の根の張り出した尾根道を歩く。山桜や細かい房になったキブシの黄色い花の間から、明るい春の陽射しが差し込んでいる。

清々しい尾根道をゆっくり下っていると、先程の男性が駆け降りてきた。

「どうされました？　確か大山まで行かれるはずでしたよね？」

尋常ならざる様子に父が問いかけると、男性は蒼白の顔で首を振った。

「今日はやめとくよ……ちょっと変なことがあって……験《げん》が悪いから」

「験が悪い？　何かあったんですか？」

不安げに眉を顰めた父に、少し落ち着きを取り戻した男性が続ける。

「いや、山頂過ぎた辺りで百メートルくらい前方を女の人が歩いててね。登山者で全身白い服って珍しいなって思って何げなく目で追いながら歩いてたんだよ」

髪の長い小柄な女性だったという。荷物は持っていないように見えた。それも妙だった。

途中で靴紐が解けたので屈んで直し、顔を上げるともう見えなくなっていた。

代わりに前方から二十歳くらいの青年が歩いてきて話しかけられた。

「こんにちは。あの、こっちに女の人来ませんでした？　白い服の髪の長い、小柄な人なんですけど……」

男性は驚いた。青年の言う人物は、先程まで自分の前を歩いていた女性ではないのか。

「……見てるよ。というか、その人さっきまで僕の前を歩いていたんだけど」

「――え？　じゃあ俺達反対方向から来たのに、同じ人の後を付いて歩いてたってことになっちゃいますよね⁉」

青年が叫ぶように言った瞬間、急に怖気が走った。

対向から来た者同士が、同じ女の後を追って歩いていた――ありえない状況に、白い服の女が酷く不気味に思えた。

「……俺、戻ります。何か呼ばれてるみたいで気味が悪いんで」

青年が慌てて引き返していくのを見て、男性も予定を変更し、来た道を戻ることにしたのだという。

「おかしなこと言ってると思われるだろうけど、あなた方も早く山を下りた方がいいよ」

そう言い置いて、男性はまた駆け足で尾根道を下っていった。

「……何だか怖いね」

「山は時々、こういうことがあるからな……俺達も急ごうか」

険しい顔の父に促されて、私達は急いで歩き始めた。

尾根道を抜けると、杉や檜の生い茂る鬱蒼とした下り坂に入る。

ちょうど陽が翳った。先程の男性の話を思い出してしまい、私は心細さを覚えた。

数歩先を歩いていた父が、急に右手側の杉林を見遣ってピタリと止まる。

「何？」

「……人がいる」

父の視線の先を見ると、数メートル先の杉の木立の間に白いものが見えた。

それは、背の低い女だった。

白い着物を着て、細い帯を腹側で結んでいる。

髪は黒く長く、少し緩めに後ろで一つに束ねていた。眉がなく、蒼白な顔をしている。

薄い唇にも色がない。

女はきつく目を閉じ、胸の前で手を合わせていた。足元は裸足で、泥で酷く汚れている。

登山道を外れて、木々の中で合掌する異様な姿の女に、私は総毛立った。

走り寄って父の腕を掴んだ。父の身体が強張っていた。

緊張からか、足が動かない。

暫くその場に佇んでいると、急に涙が溢れてきた。

──明日、明日。

唐突に、思考が遮られる。

当たり前に訪れると思っていた一日の始まりは、もうやってこない。

頽《くずお》れるような絶望が、突然私を襲った。

──明日。明日はもう、想像の及ばない暗く深い闇だ。

これから私は、そこに向かっていかなければならない。

嫌だ、嫌だ。怖くて堪らない。

それは圧倒的な死への恐怖だった。深い深い底の知れない恐ろしさがじわりと広がっていく。

「しっかりしなさい」

震えながら泣く私の手を引いて、父が山道を下り始めた。

あの女は、まだ木立の中で合掌しているようだった。

父の手の温もりに、どうしようもない絶望感が薄らいだ。落ち着いた頃には、登山口まで戻ってきていた。

父は山を振り返り、帽子を脱いで一礼した。私も父に倣った。

虎耳草《ゆきのした》の白い花が、傍《かたわ》らに静かに咲いていた。


中世、七沢には関東管領上杉氏の居城があった。落城の折、城主の妻は鐘ケ嶽山中で自害したと伝わる。その場所には今も古い墓碑が残っており、近くの沢を地元では自害沢と呼んでいる。

私達が山中で見たものが、遠い世の幻影だったのかは分からない。

ただ今は、全て安らかであれと祈るばかりだ。

思い出

立命館大学の近くにあるコンビニの目の前にＡ・衣笠という二階建てのアパートがあった。

ちょうどコンビニの入り口が向かいにある一階の部屋に、友人が住んでいた。

広い１ＬＤＫのファミリー可の物件で、友人は同じ大学の友達二人と三人でルームシェアをしていた。

一度その部屋に泊めてもらったことがある。

「ここな、落ち武者出んねん。多分応仁の乱のときの奴。そこのコンビニから来んねんけど、通りすぎるだけやから怖くないで」

友人は事もなげに言った。

生まれも育ちも京都の友人は、甲冑姿の幽霊なんぞ見慣れたもので、何も怖くないという。

「夜中の三時にコンビニに来る腰の曲がったおばあさんがおるけど、そっちの方がよっぽど怖いわ」

友人の友達も、そう言ってからからと笑った。

リビングに私と友人が、隣り合わせの寝室に友人の友達二人が寝ることになった。リビングの掃き出し窓からは、細い車道を挟んでコンビニの自動ドアが見える。

その窓の近くに友人が布団を敷き、間に炬燵を挟んで友人と並行に私は寝ていた。

「こっち西川の毛布やからふわふわやで、こっち貸したるし」

二枚合わせの肌触りの良い西川の毛布を渡されて、私はそれにくるまっていた。

夜中、肌寒さにふと目を覚ますと、かけていた毛布が見当たらない。足元の方に投げ出された毛布を顔まで引き上げて、私は再び眠りに就こうとした。

暫くすると、毛布が少しずつ下がっていく。

寝ぼけた思考では不思議に思わず、腰の辺りまで下がった毛布を引き上げた。うとうとし始めると、また毛布が少しずつ下がっていく。何度かそれを繰り返して、何かが変だと気付いた。

起き上がって足元を見たが、薄明かりにフローリングの床と壁が見えるだけで特に何もない。だが、毛布だけはどんどん下に下がっていく。

まるで誰かが私の足元にいて、そっと自分の方へ手繰り寄せているかのように、西川の毛布が一人でに下がっていくのだ。

落ち武者のことを思い出した。十一月下旬の盆地、落ち武者の身なりでは寒いに違いない。

猛烈な怒りが湧いた。

掃き出し窓の近くに友人が寝ている。それにも拘らず、友人よりも遠くにいる私を、否、私の使っている西川の毛布を盗りに来た。

よりにもよって、西川の毛布を。

怒りに任せて、下がっていく毛布を引っ張り返す。

何かが必死に押さえているように、途中で毛布が止まった。

ありえない。落ち武者が私に毛布を奪われまいと抵抗している。

渾身の力で毛布を引っ張る。落ち武者も引っ張る。

暫く膠着《こうちゃく》状態が続いた後、突然抵抗がなくなった。

粘り勝ちだ。

毛布を定位置まで引き寄せた私は、安堵してもう一度眠りに就いた。

朝、目覚めた友人に文句を言った。

「落ち武者来たよ昨日。毛布盗ろうとしてきた。通りすぎるだけじゃないじゃん」

「ああ、その西川の毛布お気に入りみたいやな。よく引っ張ってくるわ。自分そういうの好きやろ？」

友人はしたり顔で言った。

子供

高木さんは仕事帰りに小学校の横を歩いていた。

夏の夕刻でまだ明るい。

学童の子達なのか、校庭では数人の子供達がサッカーに興じて、まだ遊んでいた。

突然真横で、校庭を囲っているフェンスがガシャガシャと軋んだ。

視線を落とすと、一年生くらいの男の子がしゃがんでいて、高木さんの気を引くようにフェンスを叩いていた。高木さんは思わず立ち止まった。

男の子は高木さんに笑いかけた。

ニタリと音がするような、何とも気味の悪い笑い方だった。

高木さんは男の子を無視して帰路に就いた。

暫く歩くと住宅街に入る。両側に民家が居並ぶ狭い通りを歩いていると、後ろから車が来た。クラクションを鳴らされて、慌てて民家の門先に寄ってやり過ごす。

がしゃん!

鉄製の格子状の背の低い門扉が揺れた。

驚いて視線をやると、子供がしゃがんで内側から門を叩いている。

またニタリとその子が笑った。

「うわっ!」

高木さんは思わず悲鳴を上げた。そしてそこから走り去った。

小学校のフェンスを叩いていたあの男の子だった。

——あいつ、あの家の子供だったのか。

無数に走っている路地を先回りして家に帰った子供が、高木さんを見つけて門扉を叩いた。子供らしいと言えば子供らしいが、気持ちの悪い悪戯だと思った。

——何なんだ、腹立つなぁ。

高木さんは次第に怒りが湧いた。足早に帰路を辿り、独り暮らしをしているマンションまで帰ってきた。

苛立ちが収まらないまま、風呂に直行する。頭を洗っていると、バンッ！　と風呂場の扉に何かがぶつかる音がした。

高木さんは訝しげに横を向いた。

バンッ‼

「——‼」

また大きな音がして高木さんは、びくりと肩を竦ませた。

何かが扉を叩いた。

——まさか。

扉の磨り硝子の向こうに、小さな手が映る。息を呑んで見つめていると、びたっと顔が押し付けられた。

そして高木さんを見るなり、ニタリと笑った。あの男の子だった。

「——入ってくんなクソガキ‼」

高木さんは渾身の力で叫んだ。

途端に、男の子は不気味な笑顔を消した。つまらなそうに唇を引き結んで立ち上がると、ぱたぱたと軽い足音を響かせて、何処かへ駆けていった。

高木さんはすぐに風呂場を出て、玄関に走った。

玄関のドアは施錠してあった。単身用マンションの間取りは十畳程のリビングダイニングと、続き間になった六畳の洋室である。

部屋中を確認して、クローゼットも全て開け放したが、あの子供はいない。窓という窓も鍵は閉まっていた。第一、高木さんの部屋は三階なので、幼い子供が窓から入って出ていくということは考えられなかった。

「一体何に懐かれたんですかね……。あれ以降、別に部屋で何か起きたり金縛りにあったりとか、そんなことはないんです……ただ」

それ以来時々、帰り道にフェンスが揺れる。

高木さんは視線を向けずに、踵を返して逃げるそうだ。

名前

所謂心霊現象と呼ばれる類は超心理学という分野で研究対象となる。

見えない何かと意志の疎通を図る方法の一つに、白色雑音を用いた録音がある。水の音などが聞こえる場所で、一方的に質問を投げかける。その様子を録音し、後で再生してみると、質問に対して答える声が入っている。録音していたときには聞こえなかった声。名前を名乗ったり、してほしいことを訴えたりするとされている。

伊藤さんは、偶々取った大学の講義の雑談でこの方法を知った。卒業して初めて独り暮らしをするときに面白半分で録音をしてみることにした。

六畳のワンルームに備え付けられたキッチンの蛇口を捻り、水を流す。まずは六畳間で小型の録音機器のスイッチを入れる。

——誰かいますか？

――何人いますか？

――名前は何ですか？

それから玄関までの短い廊下に出て、廊下の横にあるユニットバスの洗面から水を流した。

ユニットバス、廊下、玄関。順番に周りながら、また録音機のスイッチを入れ、先程の質問を繰り返した。

――誰かいますか？

――何人いますか？

――名前は何ですか？

当然だが、質問に返事はない。伊藤さんはベッドに腰掛け、録音を再生してみた。

「――え……？」

伊藤さんは耳を疑った。

――名前は何ですか？

…………、……ぁ……、ぃ……。

名前を聞いた質問だけに、流水音に何か人の吐息のような音が混じっている。

巻き戻して、もう一度再生した。

——名前は何ですか？

………、か……ら……、ゅり……。

耳を澄まして聞いてみると、それは小さな囁き声のように思えた。

何回再生してみても、やはり最後の質問だけに水の流れる音に混じって、囁くような声が聞こえる。

吐息混じりの小さく頼りないそれは、幼い子供の声のようだった。

「やだ……何か気持ち悪い。テレビの音じゃないよね」

友人に聞かせると、彼女は気味悪がった。

だが伊藤さんは、さほど気持ち悪いと思っていなかった。

隙間風が入り込むと、人の悲鳴のように聞こえることがある。

そんなふうに、壁の薄いアパートで隣室の声や外の音が偶々、何か囁いたように聞こえただけだ。そう思っていた。

「あんた呑気よね……これさ、かはらゆりって名前言ってない？」

楽観的な伊藤さんに、友人は眉根を寄せて言った。

「まあそんなふうに聞こえるけど……」

「とにかく気持ち悪いから、早く消しなよ」

友人はしきりに録音を消すように促してきたが、伊藤さんは消さなかった。

それから少し経って、盆休みに帰省した折、家族の前で例の録音の話をした。

「そんな気持ち悪いこと、よく試すね」

母親には呆れられた。

「しかもさ、名前を聞いた後だけ、何か音が入ってるんだよね。水の音とノイズが混じってて、よく聞かないと分かんないけど……友達は名乗ってるみたいに聞こえるって」

「名乗ってるって、何て名前よ？」

「うーん、かはら……ゆりかな？　声だとしたら吐息みたいな囁き声で、ちゃんと聞き取れてんのか分かんないけど」

伊藤さんの言葉に、母親の顔色が変わった。

「それ……中原ゆうり、じゃない？」

「ゆうりって……ゆうりちゃん？　小さい頃、ちょっとだけ近くに住んでた……ありえないよ。何で私の部屋での録音にゆうりちゃんの名前が入るのよ」

伊藤さんは母親の意外な反応に少し狼狽えた。

小さい頃、家の建て替えの間だけ暮らした賃貸マンションの向かいの部屋に、確かにゆうりちゃんという年下の女の子が住んでいた。

よく一緒に遊んだが、いつの間にか引っ越してしまった。

「引っ越したんじゃないの。あの子はね、肺炎で亡くなったんだよ。

御両親の希望で密葬だったし、幼稚園のあんたに死んじゃったって伝えるのが躊躇われてね」

神妙な面持ちで告げる母親に、伊藤さんは呆然とした。

――ずっと傍にいた……？　今も……？

そんなことがあるはずがない。だが、録音には確かに名前を囁く声のようなものが入っている。

伊藤さんは、件の録音を何回も聞き返した。

――名前は何ですか？

……、か……ら……、ゆり……

――名前は何ですか？

……、か……はら……、ゅり……

言われてみると、〈かはらゆり〉ではなく、〈なかはらゆうり〉と名乗っているように思える。ゾッと鳥肌が立つと同時に、伊藤さんの胸に広がったのは同情だった。

自分が死んだことが分からず、ゆうりちゃんはいつものように、伊藤さんの所に遊びに来ていたのではないか。

そしてそのまま、何年もの間、傍にいたのではないのだろうか。

誰にも気付かれず、寂しい思いをしながら。

幼くして亡くなったゆうりちゃんを思うと、胸が痛んだ。

何かしてあげられることはないだろうか。

日を置いて、伊藤さんはもう一度録音を再生した。

――名前は何ですか？

か……は、ら……ゆり

何度か聞いていると、段々はっきり聞き取れる気がした。

――名前は何ですか？

……かわはら、さゆり

「え？」

急にノイズが外れ、はっきりと聞き取れたその名前に、伊藤さんは愕然とした。

――かわはら、さゆり。

……ゆうりちゃんではない……？

初めは幼く聞こえた囁き声も、よくよく聞くと子供ではないようだった。伊藤さんは、もう一度録音を試みることにした。

アパートのキッチンの蛇口と、ユニットバスの蛇口を捻り、水を出す。そして部屋中を歩き回りながら、質問をする。

――名前は何ですか？

――何故、ここにいるんですか？

――私にできることはある？

録音時に返答が聞こえることはない。伊藤さんは再生ボタンを押した。

――名前は何ですか？

かわはらさゆり
呟くような声だが、はっきりと名前が返ってきた。

――何故、ここにいるんですか？

ノイズが混じり、その答えは聞き取ることができない。

――私にできることはある？

流水音だけが響き、返答はない。

伊藤さんは最後の質問を巻き戻して、もう一度再生した。途端。


いっじょにぎでぇぇぇぇぇぇぇ!!


「きゃあああああああ!!」

伊藤さんは録音機を放り投げて絶叫した。

中年の女の酒焼けしたような声が部屋中に響き渡った。


「事故物件じゃないんですよ？　……その部屋。アパートにする前は大家さんの家が建ってたらしいですし。人が死んだなんてこともありません……まあ気持ち悪いんですぐに引っ越しましたけど。もう絶対録音なんかしません」

伊藤さんはそう言って席を立った。

こっくりさん、ウィジャボード、そして伊藤さんが行った白色雑音入りの録音。この世ならざる者とコンタクトを取る為の手法と言われるものは数多ある。どんな方法を選ぼうとも、絶対にやってはいけないと言われている共通のタブーが、実は一つだけあるのだ。

それは、要望を聞かないこと。

目に見えぬ何かが勝手にしてほしいことを訴えてくる分には、聞き流せばいい。だが決して、こちらから尋ねてはいけない。

下手をすると命を取られかねないからだと、そう言われている。

伊藤さんは、何故かしきりに自分の住んでいた部屋が事故物件ではないということを主張していた。

得体の知れない女の叫びを聞いたのが、借りていたアパートの部屋だったからなのだろうが、ひょっとしたらそれは、部屋にいたのではないのではないか……。

私はそれを、彼女に言うことができなかった。

幻視

「目が悪いんですよ。コンタクトは合う度数がなくて……乱視もあるから眼鏡がないと殆ど判別できないんです」

清居さんの裸眼の視力は〇・一以下だという。

景色の色彩がじわりと混じり合ってぼやける。

人の顔はおろか、物の形すら少し離れているとよく分からない。

「うちは二階リビングでお風呂も二階にあるんですけど、服を脱ぐときに邪魔だから、リビングで外して脱衣所に行く癖が付いちゃって。

お風呂上がりにあれ、何処に置いたっけってリビングを探し回るはめになるんです」

清居さんの家にはロフトがある。

二階のリビングから作り付けの階段で上がれるロフトは、物置と化していた。広さは八畳弱あるが、天井が低いので部屋としては使い勝手が悪い。子供のおもちゃや季節ものの荷物をしまっていた。

六歳になる娘はロフトで遊ぶのがお気に入りだ。

低めの天井も娘にはちょうどいいようで、お気に入りの人形を階段の一番上に座らせ、ハロウィンやクリスマスツリーの飾りを手摺りに飾って喜んでいた。

「いっつもおうちをパーティーみたいにしときたいの」

娘の可愛いお願いに、暫くロフトの階段を彩る人形と飾りはそのままにされていた。

階段に鎮座する人形は、娘が生まれたときに知人から贈られた綿製のものだったが、抱き枕にもなるそれは九十センチ程の大きさがあった。

黒髪のおさげの女の子をデフォルメした人形は眼鏡をかけて見る分には明らかに人形と分かる作りだったが、裸眼のときに視界に入るとその色合いと大きさから人間の子供のように思えて、清居さんは度々驚かされていた。

その日、清居さんの娘は幼稚園のお泊まり会で家にいなかった。

年長組の夏の行事で、親と離れて夜を明かすのは娘にとって初めてのことだった。

今頃寝ている頃だな。寂しがっていないかな……。

湯船に浸かりながら娘の心配をしている自分に、親の方がよっぽど寂しがっているなと清居さんは苦笑した。

お風呂上がり、眼鏡を探しながらリビングを歩き回る。

テーブルの上に置いたと思ったが、見当たらない。

「もー、また何処にやっちゃったんだろう」

ふとロフトへ上がる階段を見ると、階段の上から何かが垂れ下がっている。肌色と黒の色彩に、階段に座らされていた人形が倒れたのだろうと清居さんは思った。ところが足元に人形が転がっているのに気付き、清居さんは訝しんだ。

——あれ、何だろう。

ソファの肘掛けの上に眼鏡を見つけた。眼鏡をかけて、もう一度階段を見た。

「え……」

階段に垂れ下がっていたのは、人だった。

だらりと伸ばされた細い両腕。その間にある長い黒髪の頭。

それは顔を上げて、こちらを見ている。

限界まで見開かれた目が異様さに拍車をかけていた。

口元が笑みの形に歪んでいて、何が面白いのか楽しげに頭を左右に揺らしている。ぱさぱさと、長い髪の先が階段を摩る音がした。

それは暫く清居さんを見下ろした後、凄まじい勢いでロフトの奥へ引っ込んでいった。何かに引き摺られていくような、奇妙な動きだった。

年齢も性別も判然としない。何より、階段に上体を投げ出した体制のまま後ろに下がったあの動きが、そもそも人間離れしていて異常だった。

状況を理解できず、清居さんは一息遅れて絶叫した。

ちょうど帰宅した夫が驚いて二階に駆け上がってきたが、今見たものを説明することができなかった。

ロフトの階段の上を指してがくがくと慄く妻を心配した夫が、階段を上がっていく。

「――駄目っダメっ、降りてきてっ!!　降りてきてってば!!」

階段の下にへたり込んだ清居さんは両手で頭を抱えて俯いたまま、夫に向かって叫んだ。

「大丈夫、何もいないよ。一体何がいたんだよ」

ロフトを確かめた夫が、困惑を顕《あら》わにした声で告げた。

清居さんは、夫の言葉に恐る恐る顔を上げた。

「――っ」

びくりと肩が跳ねた。恐ろしさに声も出せなかった。

階段を下りてくる夫の両肩に、だらりとあの両腕が乗っていた。

夫の顔の横から、乱れた長い黒髪を貼り付けた顔が覗いている。

瞼がないのではと思うほど目を見開いて、またニヤリとそれは笑った。

「――嫌っ!!」

後ずさった清居さんはよろめいて尻餅を突いた。眼鏡がずれて視界に靄がかかる。夫の姿も、夫にへばりついた不気味な顔も、全てが滲んでぼやけた。

「おい？　どうしたんだよ、でっかいゴキブリでも出たのかよ」

怪訝な夫の顔が目の前に寄ってきて、清居さんは震える手で眼鏡を直した。

夫の背後には、もうあの奇妙な何かはいない。

清居さんは娘がロフトの階段の手摺りにぶら下げた飾りを全て片付け、幼女の姿をした人形を捨てた。

帰ってきた娘に抗議されたが、人形のふりをしてあれがまた現れたらと思うと堪らなかった。

寝るとき以外は、お風呂のときも眼鏡を外さなくなった。

「その後あれを家の中で見たことはありません。でも……」

あれを背負ってロフトから降りてきた夫のことが、気持ち悪くて仕方がないのだと清居さんは呟いた。

隧道

「この前少し変なことがあって。私は零感だから何も見てないんだけど、旦那と子供がね。丹沢湖の近くのトンネルなんだけど」

ビデオ通話に出るなり、友人がこんなことを言い出した。

未曾有の感染症の拡大に伴い、初めて緊急事態宣言が出た春。

ゴールデンウィーク明けには解除される予定だった自粛期間はまた延長され、先行きの見えない不安の中に誰しもが置かれていた。

アウトドア好きの友人の夫は、長引くリモート生活に辟易して言った。

「気晴らしにドライブするくらいだったらいいだろ。県外には行かないし、車からも出ない」

ドライブという言葉に、四歳になる娘も喜んだ。

登園自粛を言い渡されてから、幼稚園も暫く休んでいる。

大好きな友達にも、遠方に住んでいる祖父母にも会えない日が続いていた。

手作りの弁当を持って、友人一家は車に乗り込んだ。

行き先は夫の希望で丹沢湖となった。

車を走らせて一時間弱で、目的地が見えてきた。

左手に広がるエメラルドグリーンの湖面を見ながら、県道を進む。

「この先のキャンプサイトに泊まったことがあるよ。広くはないけどロッジがあってさ、あーキャンプしたい」

ハンドルを握る夫は上機嫌で話をしている。

五月の終わり、湖を囲う山々は新緑に茂り、晴れ渡った青い空との対比が美しい。他に車は見当たらず、快適なドライブだった。

玄倉川橋を渡り、暫く車を走らせた所で駐車スペースを見つけた。

見晴らしがよく、湖を一望できるその場所で、持ってきた弁当を食べる。家に篭もっている所為か食が細くなりがちだった娘が、「おいしい、おいしい」とおにぎりを頬張るのを見て、友人はドライブに来たことを心の底からよかったと思った。

「ちょっと外に出てみようぜ、他に人もいないしさ」

車から出ないドライブの予定だったが、少しだけ外の風に当たることにした。穏やかなエメラルドグリーンの湖面に、陽の光が反射してきらきらと煌めいている。

夫が大きく伸びをする。娘が湖を見てはしゃいでいる。

マスクをしないで外に出るのも久しぶりで、初夏の空気を思い切り吸い込む。若葉の匂いが清々しい。少し冷んやりとしている気温も心地良かった。

「おい、これ」

夫が駐車スペースの傍に立つ木を指差した。

友人が確かめると、ラミネート加工された一枚の写真が貼り付けられている。チェックのシャツにリュックを背負い、日除けの帽子を被った年嵩の男性が微笑んでいた。

写真の下の余白には、男性の氏名、年齢、簡単な住所が記載されている。一年少し前の日付と、男性が予定していたと思われる登山ルートも記されており、「行方不明」の文字が目に付いた。

父親と同年代の男性の微笑に、胸が痛んだ。

「早く、見つかるといいな……」

夫の呟きに、友人も頷く。

何となく居た堪れなくなって、まだ湖を見ていたいと言う娘を宥めて車に乗った。

大仏大橋を見送り、河内川が湖と合流する手前にある中川橋を渡る。

これまで走ってきた道を湖の対岸に見ながら、県道76号線を進んだ。

「……ごめん、何か気持ち悪くなってきた。運転代わってくれる？」

焼津ボート乗り場の近くで唐突に夫が言った。

路上に車を止めた夫に、何処かで休むか尋ねると、首を振った。

「いいよ、早く帰りたい」

鼻歌を歌っていた先程とは打って変わって、蒼白な顔をしてしきりに早く帰ろうと言う。

運転を代わった友人は、夫を心配しながら出発した。

そのまま県道を進んで、帰路に就く。

途中、洞門を通った。左側がアーチ状に吹き抜けていて、丹沢湖が見えた。夫は窓に寄りかかって、じっと外の景色を眺めている。

洞門を抜けると、すぐにトンネルに入る。

オレンジ色の照明が点いた、歩道のある隧道だった。そんなに長くはないが、カーブしている為、入ってすぐには出口が見えなかった。

助手席の後ろの後部座席に座っていた娘が、急に窓に向かって手を振り出した。

「ばいばーい、またねー！」

楽しそうに笑顔で手を振る娘に、友人は不思議に思った。

暗いトンネル内の歩道には、誰も歩いていなかった。

「誰にバイバイしたの？」

ハンドルを握りながら娘に尋ねる。トンネルの出口が見えてきた。

「ばーばだよ」

娘の答えに、友人は首を傾げた。

娘がばーばと呼ぶのは、友人の母に当たる祖母一人だけだった。

父方の祖母はおばあちゃん、その他の年配女性は皆おばちゃんと呼ぶ。友人の母は県外在住で、こんな所を一人で歩いている訳がない。

「ばーば？　こんなとこにいないよー」

「でもばーばだった！　一緒に歩いてきてたよ」

「はいはい、そうなんだ。良かったね、ばーばに会えて」

頑なに祖母だと言う娘を訝しんだが、木立や花にも手を振ることのある子供のことなので、それ以上尋ねるのを止めた。

夫の様子を窺うと、相変わらず窓に寄りかかって蒼白な顔をしている。眠ろうとしているのか、眉根を寄せてきつく目を閉じていた。

家に着いた後も、暫く夫は青ざめていた。

「……さっき、みぃちゃんがばーばがいたってトンネルで言ってたじゃん」

横になるように促す友人に、リビングのソファに座った夫がぽつりと言った。湖畔を走る県道のトンネルで、娘は「またね」と手を振っていた。

「ああ、最近会ってないから、会いたくなっちゃったのかな」

相槌を打つように返した友人に、夫は続けた。

「俺も見たんだ。お義母さんじゃなかったけど……」

「何？　誰もいなかったと思ったけど……」

呆然とした様子で話す夫に、友人は不安を覚える。

「お前がいた」

「え……何……？」

夫が言ったことが理解できずに聞き返すと、「お前がいたんだってば！」と怒鳴るように返された。

夫は突然の吐き気に堪えながら、窓にもたれて外の景色を眺めていた。アーチ状に吹き抜けた洞門に差し掛かると、アーチの向こうを人が歩いているのが見えた。

すぐに車が追い越し、トンネルに入る。

入ってすぐに、傍の歩道を誰かが歩いているのが目に付いた。

車がその人と並んだ瞬間、トンネル内のオレンジ色の灯りに照らされたその顔がはっきりと分かった。

それは今まさに、車を運転している妻だった。

明らかにこちらを見て微笑している。

瞬間、夫は動けなくなった。叫ぼうにも声が出ない。

外を歩いている妻の顔をした何かは、一向に見えなくならない。

歩いているはずなのに、車と同じ速さでぴったりと横についてきているのだ。ありえない。何もかも。

夫は強く目を瞑った。指先まで固められたように動かなかったが、瞼だけは意志が利いた。

「ばいばーい、またねー！」

後ろに座っている娘が何かに手を振る。

妻が尋ねる。「ばーば」だと娘は答えた。

こんな所にいるはずのない義理の母と、ありえない妻の姿。

トンネル内で車に並走していた妻のようなものが、娘には祖母の姿に映っていた――。

そう考えて、恐ろしさが増した。

車が家に着くまで、夫は総毛立ったまま動けずにいたという。

「丹沢湖にはもう絶対行かないって旦那が凄い剣幕でさ。変な話でしょ？　うーん、ゾッとしたけど私は何も見てないし、うとうとして夢とごっちゃになっちゃったんじゃないの？　とも思うんだけどね」

通話を切ってすぐに、私は地図アプリを開いて丹沢湖周辺の隧道を検索した。「焼大隧道」というトンネルが、友人の話と合致した。

丹沢湖こと三保ダムが建設されたときに作られたトンネルで、色々と調べたが特に曰くもなく、怪談も聞かない。

自粛後に一度、私も車で行ってみた。

一緒についてきた息子が、帰宅後にトンネルの絵を描いていた。

息子は何やら思案した後、私に手を描いてほしいと言った。

トンネルを擬人化させたような感じで手を二本、外側に描き足すと、息子にそうじゃないと首を振られた。

「トンネルの中に、手を描くんだよ」

要領を得ない私に、息子は「自分で描いてみる」と呆れていた。

ああでもない、こうでもないと熟考の末に描き直されたトンネルの絵は、内側の壁から、無数の手が伸びていた。

訪問

数年前に引っ越しをしてから、気になっていることがある。

息子が言葉を覚え始めた辺りから、度々「おじさん」と言う。

息子にとって「おじ」に当たる存在はいない。来客時ではなく、誰もいない所で急に言い出す。

まるで犬を見かけたときに「わんわん」と指差しするような調子だった。虫が飛んでいるのかもしれない。

イマジナリーフレンドという可能性もある。

何にしても息子が言う「おじさん」が何なのか興味深かった。

ある日、二階のリビングの隣にある寝室で昼寝をしていた息子の様子を見に行くと、いつの間にか起きていて、エアコンを見上げている。

スイッチは入れていない。
息子はエアコンを見上げながら、手を叩いて笑っている。
声をかけると、こちらを見ながらエアコンを指差す。
「おじさん、おじさん」
エアコンは動いていない。虫も飛んでいなさそうだった。
息子が何を指して喜んでいるのか、全く以て分からない。
何にせよ、楽しそうに笑っているのだからいいか――。
そう思って、「おじさん」のことはそのままにしていた。
成長しても時々、「おじさんがいるよ」と息子は言った。
おじさんって誰？
尋ねると、息子は黙り込んでしまう。
どう説明したらいいか、思案しているようだった。
怖いおじさん？
そう聞くと、これには即否定が入る。
怖くないなら、まあいいか。

息子以外、誰にも見えない「おじさん」は、また放置された。

暫くして、二人目の息子が生まれると、「おじさん」は家に現れなくなった。上の息子が「おじさん」の話をしなくなって、四年が経とうとしていた。

一時的な空想か。私は密かに安堵していた。

昨年の夏、息子二人をお風呂に入れていたときのこと。

湯船に浸かって遊んでいた二人の息子が、突然立ち上がって玄関の方向を指差した。二人同時にである。

「――今、おじさんがきた」

先程まで戯れあって大笑いしていたのに、二人とも真顔だった。

インターフォンは鳴っていない。

風呂場から出て玄関を見たが、当然誰もいなかった。

誰も来てないよ。

息子達を風呂から上がらせて、脱衣所で着替えさせながら言うと、

二人して首を振る。

「来てるよ。おじさんが」

そのとき、二階で物音がした。家には今、息子達と私の三人しかいない。重さのある何かが、フローリングの床を移動するような音。

みし、ぎし。みし、ぎし。

とん、とん、とん、とん。

最早足音にしか聞こえない。しかも、階段を下りてきている。

下り切ったと思われる所で、足音はしなくなった。

私は動けなくなった。

何だ、何だ。あの音は何だ。

脱衣所の扉は閉まっている。あの扉の数メートル先に、誰かが立っている。そんな想像が、肌を粟立たせる。

「あ、出てった」

息子達が、また同時に言った。

私は気が抜けて、その場に座り込んだ。

何だ、おじさんて……？　おじさんて、何だ？

「ちっちゃい頃から、時々くるおじさんだよ」

上の息子が、当然のように言った。
着替えの済んだ息子達は、また騒ぎながら脱衣所から出ていった。
玄関の鍵を確かめてみるが、ちゃんと施錠されている。
「おじさん」は、時々、我が家に来ているらしい。
先日、下の息子がベランダの掃き出し窓に向かって手を振っていた。
柴犬の小町までも、息子と同じ方を向いてぶんぶん尻尾を振っている。
……誰かいるの。
「おじさんがいるよ！」
ものすごい笑顔で、そう返された。
「おじさん」とは一体、何者なんだろう。

偽者

茅ヶ崎で完全予約制の美容室を営んでいる小宮さんから伺った話である。

四十代半ばの小宮さんが高校生の頃に体験したというので、もう三十年程前の出来事だ。

お盆を過ぎた時分で、酷く蒸し暑い日だったという。

「親父は仕事、お袋もパート。だから家に一人でさ。何処かに遊びに行くのも面倒で漫画とか読んでゴロゴロしてたんだよね」

お昼を過ぎた頃、南向きの居間に燦々と差し込んでいた日が、雲間に入ったのか少し翳った。

時計の秒針が時を刻む音が、しんとした家に響く。

何だか寒気がして心細くなった。冷房を弱めて、気を紛らわすように再び漫画を読み出す。そのとき、玄関の呼び鈴が鳴った。

電池が切れかけているのか、音程が外れて間延びした妙に不気味な音に聞こえた。

恐る恐る出てみると、母方の従兄が立っている。

「よ！　久しぶり！　ちょっとこっち方面に用があったからついでに寄ってみた」

遠方に暮らす従兄とは幼い頃はよく遊んだが、成長とともに互いの家への行き来が減り、年上の従兄と顔を合わせるのは数年ぶりだった。

懐かしさに心細さが吹き飛んだ小宮さんは、大層喜んで玄関先で従兄と話し込んだ。

――？

暫く話をしていた小宮さんは、違和感を感じて従兄を見つめた。

Tシャツ姿で笑いながら話をする従兄。

何か、変だな……。

小宮さんは内心首を傾げた。数年ぶりに会った所為か、従兄を見ていると、こんな顔だったろうかという違和感が湧き上がってくる。

小宮さんの家の玄関には、大きな姿見が付いていた。何げなくその鏡を見て、小宮さんは不意に思った。

――黒子《ほくろ》、逆じゃないか？

従兄には眉毛の上に目立つ黒子がある。目の前の従兄の左の眉の上に確かに黒子があるのだが、どうにも左右逆のような気がする。

勘違いか……？　一度気になり出すと、どうしても従兄の黒子は右側にあったような気がして落ち着かなくなった。

「そろそろ上がってもいいかな？」

従兄の言葉に小宮さんは動揺した。何故か、家に上げてはいけないような気がした。逡巡していると、ちょうど居間に置いてある電話が鳴った。少し待っててと言い置いて、急いで電話に出る。

「ああ、博？　……何かねぇ、たった今お仏壇にお線香あげてたら、お供えの水にぶくぶく泡が立つんだよ。ばーちゃんおかしなこと言ってると思うだろうけど、胸騒ぎがしちゃってね……」

電話の相手は、近くに住む父方の祖母だった。

「……今、誰か来てない？」

そう尋ねられて、小宮さんは総毛立った。

従兄が来ていると告げると、祖母は暫く黙った後、ぽつりと呟いた。

「それ、本当に従兄なの?」

電話を切った後、小宮さんはまさかと思いながら、続き間の和室の押し入れにしまってあるアルバムを引っ張り出した。数年前に従兄と撮った写真を確認する。

写真の中の従兄は、小宮さんから見て左側の眉の上に黒子があった。

ということは、従兄の黒子はやはり右眉の上にあるのが正しい。

反転している。黒子の位置が鏡から出てきたように逆になっている。

——何だ?

心臓が全力疾走した後のように早鐘を打つ。

あいつは、何だ? 何だ? 何だ!?

訳が分からず、焦りと恐怖が次々に湧き出してくる。

「おーい」

小宮さんの身体が慄いた。

従兄を装った何かが、玄関から小宮さんを呼んでいる。

「……俺、約束あったんだわ。これから出かけるから……悪いけど帰って」

玄関に戻り、恐ろしさを堪えて得体の知れない何かに告げた。

にこやかだったそれの顔から、唐突に笑みが消える。

舌打ちをして踵を返したそれが、姿見をちらりと見て呟く。

「あー……コレかぁ……惜しかったなぁ」

それから小宮さんに視線を戻して言った。

「案外運が強いねぇ、キミ」

それが出ていくのを見届けて、小宮さんは玄関の扉を閉めた。

震える手で何とか鍵をかけ終えると、その場にへたり込んでしまった。あまりに非現実的な出来事に、小宮さんは偽者の従兄の訪問を誰にも話せなかった。

それからひと月程経った頃、近所に住む友人の兄が亡くなった。就寝中の突然死で、まだ二十歳だった。

葬儀には小宮さんも参列した。少し経って、友人がこんなことを言った。

「虫の知らせってあるのかもなぁ」

小宮さんが訝しむと、友人は兄が亡くなる数日前のことだと前置いて話を始めた。

「友達が家に遊びに来てくれたって、兄貴凄い喜んでてさ。仲良かったけど小学校のときに転校しちゃって、全然会ってなかった奴だからって」

しみじみと語る友人の言葉に、小宮さんは心底ゾッとしたという。

「あれ、死神だったんじゃないのかな。お兄さんのことはただの偶然だって思いたいんだけど……俺のときに失敗したから……完璧に成りすませられるように、学んじゃったんじゃないかって……今も思うときがあるんだよね。信じられないけどさ」

小宮さんは今も突然の訪問者に怯えている。

晦日

深月さんの祖母の家は、奥多摩町にある。

日原川とその辺りに広がる家々を見下ろす山の中腹に建つ、古い家だった。

東京とは思えないような大自然と、近くにある鱒釣り場が楽しくて、小学生の深月さんは祖母の家を訪ねるのが大好きだった。

立川のマンションに住んでいた深月さん一家は、頻繁に奥多摩の祖母の家に遊びに行った。年末年始も祖母の家に集まって皆で過ごすことが恒例だった。

「確か……六年生だったと思うんです。大晦日の前日だから十二月三十日のことです。ちょっと妙なことがあって」

前日から祖母の家に泊まっていた。深月さんの祖母が作るおせちには、豚の角煮が必ず入る。深月さんが生まれた年に亡くなった祖父の好物だったという。

角煮や栗きんとんを、祖母と母と姉と皆で台所に立って一緒に作った。マンションのキッチンではとてもできない。

独立した広い台所で、色々な話をしながら特別な料理を作るのは楽しかった。最近物騒だからと、父はホームセンターで買ってきた人感センサー付きの照明を門扉の屋根に取り付けていた。

夕食後、居間の炬燵に当たりながらテレビを見ていると、コツンと何かが広縁の窓硝子に当たる音がする。

風で飛んできた小さな木の枝や砂利が当たったのだと、何度も祖母の家にきている深月さんには分かっていた。

「山から何かが下りてきてたりして」

姉が態《わざ》とらしくおどろおどろしさを演出する。

深月さんと姉がふざけあっていると、みかんを食べていた祖母が手を止めた。

朗らかにお喋りに興じていたのが嘘のように、黙り込んで俯いてしまった。

「おばあちゃん、どうしたの？」

「……今、来てるよ」

俯いたまま、祖母がぽつりと言った。

「もう、よしてよ。おばあちゃんたら。こんな時間に誰が来るのよ」

母が笑いながら祖母を嗜める。

「子供に便乗するなよ。母ちゃんらしくないなぁ」

父は溜め息を吐いて、呆れたように祖母を見た。

祖母は俯いたまま口をつぐんでいる。

食べかけのみかんが手を付けられずに炬燵の天板の上に載っていた。

姉が、居間から続く広縁に出ていく。

掃き出し窓にかけられたカーテンの隙間から、外を覗く。

「みっちゃん」

視線を逸らさずに深月さんを呼んだ。

炬燵から出ずに「何」と問うと、姉は窓の外に顔を向けたまま手招きをする。

「いいから、来て」

訝しみながら広縁に出て、姉の隣に立つ。

「どうしたの」

「ちょっと見てみて」

姉に促されて、カーテンの隙間から庭を覗いた。

玄関から門扉へ向かって続く飛び石が見える。

格子戸の門には、屋根に人感センサーを付けたばかりだった。

人工的な白い光が門の向こうを照らしていた。

門前に、誰かが立っている。

深月さんは目を細めた。顔までは分からないが、その人は格子戸に手をかけてこちらを窺っているようだった。

背が低く、頭が大きい。

山吹色のような濃い黄色の——着物を着ている。

子供……いや、女……？

自分と歳の変わらない子供のようにも見えるが、ずんぐりと肉付きの良い体型と格好から中年の女だと深月さんは思った。

「……いるよね誰か」

姉が囁いた。深月さんは呆然と頷く。

大晦日の前日の夜更け。人通りもない山間に建つ家の前に、着物姿の女が立っている。

その光景は異様で、肌が粟立った。

姉がカーテンを握り締める。

「――ねえ、どうしたの？　寒いから障子閉めるよ」

黙って外を見つめる子供達に、母が声をかけた。

「誰か来てるの。門の前に立ってる」

姉の言葉に、母が眉根を寄せる。

ちょっとどいて、と言われて深月さんは母と入れ替わった。

「……本当だ。誰かいるね」

外を見た母の言葉に、居間にいた父が立ち上がった。

「こんな時間に一体誰だよ。ちょっと出てくる」

「――駄目だっ！」

祖母が大声を上げた。

深月さんの肩が慄いた。いつもにこやかな祖母が叫ぶところなど、見たことがなかった。

母も姉も驚いて居間を見つめている。

父も目を丸くして、開けかけた襖を閉める。

「……そのうちいなくなるから。ほっときな。ドアも窓も開けるんじゃないよ」

そう言うと、祖母はもう寝ると続き間の寝室に入ってしまった。

「まだいるのか。どんな奴だ」

父が広縁に来て、カーテンの隙間から外を見た。

「……なんだよ、あれ……気味の悪い格好してんなぁ。お前らもう奥入れ」

父は暫く門の方を見た後、カーテンを閉めて深月さん達を居間の炬燵に戻す。

「あの人、何なの……？　おばあちゃんの知り合いかな？」

父が居間に戻ってくると、声を顰めて姉が尋ねた。

首を傾げる父に、母が違うと強い調子で言った。

「……日本髪結ってる。まともな人じゃないよ」

妙に頭が大きく見えた理由が、母の言葉で分かった。

――まともな人じゃないよ。

あれは、本当に、人なのだろうか。

深月さんはゾッとした。

晦日の夜に、日本髪を結った、着物姿の小太りの女が、家を窺うように門の向こうに立っている。

何故、こんな時間に、そんな姿で、呼び鈴も鳴らさず佇んでいるのか。祖母は何故、誰か来たことが分かったのか。

不可解で気味が悪かった。

「何か嫌だね……今夜はここで皆で寝ようか」

母の提案で、その夜は居間に布団を敷いて家族皆で眠った。

コツン、コツンと、時折窓が鳴る。

風の所為だと思いながら、門前に佇む異様な風体の女が庭先まで入ってきて、窓硝子を爪で叩いている——そんな想像を膨らませてしまう。自分の想像に震えて、深月さんはきつく目を閉じて布団を被った。門には鍵がかかっている。他に入れる所もない。

大丈夫、大丈夫。

「——うわぁっ!」

父の叫び声で目を覚ました。広縁のカーテンが開けられていて、眩しい。もう朝だった。

既に起きていた母と姉、そして祖母が、台所から居間に入ってきた。

「お父さんどうしたの？」

広縁の窓を開けて、庭にいる父に姉が声をかけた。

父は広縁の所まで戻ってくると、祖母に「段ボールちょうだい」と顔を顰めて言った。

祖母の顔が曇った。

「門の内側に……ありゃ狸かな、動物の死骸がある。皮がズタズタだ」

「……車にでも轢かれて、うちに逃げ込んだ所で息絶えたんだろ。私が処理するよ」

父を家の中に促して、祖母が軍手を嵌めて出ていった。

家の前の道は、車など殆ど通らない。

あの女が何かしたのでは――。そんな予感がした。

暫くして戻ってくると、祖母はいつものにこやかさを取り戻していた。おせちの続きを作って、餅つきをして大晦日を過ごす。

姉も母も、父も昨夜の女のことを祖母に尋ねなかった。

深月さんも、何となく気が引けて黙っていた。

夜、またあれが来るかと身構えたが、祖母は普段通りで、何度か外を覗いて見たが、件の女は現れなかった。

年が明けて、立川への帰路、父がぽつりと呟いた。

「……なんだったんだろうな、晦日の……」

誰も何も言えなかった。皆祖母のことを心配していたが、まるで一連の出来事を忘れてしまったかのように、祖母はいつもと変わらず朗らかだった。だがその笑顔には、晦日の夜に門の前に佇んでいたあれが何なのか、皮を剥がれた獣の死骸が家の敷地内に落ちていたのはどういうことなのか、それを尋ねることを許さない頑なさが滲んでいた。

結局何だったのか分からないまま、深月さん達は日常に戻っていった。

「その年の秋口に祖母が亡くなりました。ちょうど母と電話していて、急に通話が途切れて……脳溢血で、両親が駆け付けたときにはもう手遅れでした」

家主のいなくなった奥多摩の家は、今でも父が大切に管理している。

「生まれ育った家だけど、あんなことがあったのはあのときが初めてだって父は時々溢しています。今もお盆には家族で祖母を迎えにあの家に泊まるけど、十二月の三十日……年末年始はね。さすがに足が遠のきますよ」

最近、祖母の家を貸家にしないかという話が町役場からあった。

移住希望者が増えているのだという。

父は頭を悩ませている。度々家族会議になるが、そのたびにやめようという結論に至る。

「何となく……あのズタズタの動物が警告のように思えて」

人様には貸せないですよね——。

深月さんは困ったように笑った。

黒髪

「家の裏手に神社があったんですよ。小さな朱塗りの鳥居と短い石段の上に、子供の背丈くらいのお社が建ってるの。陶器の白い狐の像が二体対になって置いてあったから、お稲荷さんだと思うんです」

いつからあるのか、起源も由来も知らなかった。

朱色の鳥居は塗料が剥げて、観音開きの社の扉も外れかけている。

家の裏手と言っても車道を一本挟んでいるので、石渡さん宅の敷地にある訳ではない。その社の一角だけ、杉の木立に囲まれて小さな林のようになっているが、両隣にも民家がある。社を中心に家が建てられたような立地だったが、石渡さんの家族も、近所の人々もその社に参拝したことはない。

浦田さんという初老の男性だけが、その小さな社に時折手を合わせていた。

浦田家は代々その町で林業を営んできて、二代前に建設会社を起こした家で、初老の男性は「社長」と呼ばれていた。

社長以外訪れる人を見たことのない家の裏の社を、石渡さんは特に気に留めたことはなかった。

石渡さんが小学生の夏休みのことだった。

ある日、家の裏手に浦田建設の作業着を着た人が数人訪れて、朝から作業をしていた。

社の老朽化を気にした社長が、自ら新しい社を作って奉納したらしい。鮮やかな朱色の鳥居と、檜の香りがする美しい社。

周りの草は綺麗に刈られ、白い玉砂利が敷かれていた。

苔むした石段も綺麗に清められている。

一新した社を、社長は満足げに眺めていた。

「触らぬ神に祟りなしだよ、宮司でもないのに勝手をして」

裏手を見遣って、石渡さんの父は顔を顰めた。さも余計なことをしたといった非難に満ちた顔だった。

二軒先に住んでいる友人と児童館で遊んだ帰り道、石渡さんは新しくなった社の前を通った。

「うちのお父さんが、宮司でもないのに勝手をしてって苦い顔してた」

石渡さんは呟いた。

「えー？　そうかなぁ。神社が綺麗になって、きっと神様も喜んでるよ」

照り光る朱色の鳥居を見て、一緒にいた友人が言った。

その刹那、唐突に何かが石段の上に落ちてきた。

さほど大きくない、黒っぽい塊だった。

「え、何……？」

石渡さんと友人が確かめると、十センチ程の黒髪の束だった。

「何でこんなのが……」

友人が気味悪そうに声を震わせた。

木立の間から降り注ぐ、明るい夏の陽差し。

蝉時雨。草いきれの青い香り。

夏の盛りだというのに、ゾッと肌が粟立った。

ぱさりと、乾いた音を響かせて、二人の目の前でまた黒髪の束が落ちてきた。

一体何処から落ちてきているのだろう。

視線を上げようとしたそのとき、友人が悲鳴を上げて逃げ出した。

それに弾かれるように、石渡さんも駆け出した。

そのまま、それぞれの家に走り帰った。

家にいた祖母に、石段に落ちてきた髪の毛の束のことを話した。

杉の葉っぱを見間違えたんだよ、と信じてくれない祖母を連れて、もう一度裏手の社の前まで行った。

石段の中腹に、黒い髪がこんもりと山を作っていた。先程よりも増えている。

「……嫌だ、気味の悪いことする輩《やから》がいるもんだね」

祖母は石渡さんの手を引いて、足早に家に戻った。誰かの悪戯だろうと言いながらも、その髪の束を片付けようとはしなかった。

翌日、浦田建設の社長が死んだ。

常のように早朝社に参拝に来て、そのまま事切れた。

心不全か脳溢血か、原因はよく分からない。突然死だった。

「人にとっては善意でしたことでも、神様にとっては分からない……まさに触らぬ神に祟りなしなんですよ」

石渡さんは心底嫌そうに言った。由来の分からない神社には決して参拝しないようにしているという。

あの日、石段の上に落ちてきた黒髪が一体なんだったのか、何処から落ちてきたのか、今も分からない。

麻痺

「俺ぁもうびっくりしたね。本当にさ、揺れるんだよ空間が。狐が尾を振ってるみたいにゆらあーっとね」

学生の頃、関東三大薬師の一つとして有名な寺院で年末年始の助勤をしていたときに、庭師の藤本さんから聞いた話だ。

まだ駆け出しだった頃、藤本さんは狐憑きと呼ばれる人を見たことがあるという。

「俺のお袋と同じくらいの歳の女の人でさ、大野さんていうの。そこの灯籠にも名前彫ってあるでしょ。いつも数百万単位でお布施《ふせ》する人だったから」

境内にある大きな灯籠に、確かに大野さんの名前が彫られていた。

大野さんは居酒屋や衣料品店を数店舗経営する実業家で、熱心な信徒だった。

本堂の薬師如来像の前で手を合わせる大野さんの後ろ姿を見て、藤本さんは驚いた。

大野さんの背後の空間が、陽炎《かげろう》のように細かく揺らいでいる。それは二本の太い尾の形に見えた。

「――え？　え？」

狼狽える藤本さんに、大野さんと面識のある別の信徒が事もなげに言った。

「あの人は狐が憑いているから」

「お薬師さんを信仰している人に、何で狐が憑いているんですか？」

藤本さんは首を傾げた。

「ここにお参りに来るようになる前から、狐が憑いてたみたいよ。いつからか、どうしてかは絶対に言わないけど。お金に困らないなら、次に大事なのは健康だって」

大野さんを知る数人の信徒からそんな話を聞いた。

大野さんは羽振りの良い人で、寺院を訪れて知人を見つけるといつも数万円の「お小遣い」をくれた。周りの者は皆、そんな大野さんを持て囃《はや》したそうだ。

「あたしには神様が憑いてるからってよく言ってたよ。一度宝くじを皆に配ったことがあってさ。俺も貰ったんだけど、尽く当たったんだよね。十万単位の金額がさ。信じられないよなぁ」

しかしそんな大野さんにも陰りが見え始めた。

経営する店舗の拡大に乗り出し、失敗してしまったのだ。

瞬く間に負債を背負った大野さんは、かつての豪奢《ごうしゃ》な姿が嘘のように見窄《みすぼ》らしくなった。

藤本さんはあるとき、垢じみた服を着た老婆が住職に食ってかかるのを目にした。

「御祈祷してよ‼　お狐様はまだあたしに憑いてる‼　もっと力を貸してくださいって祈ってよぉ‼　何でできないのよ⁉　何で何で何でよぉ……！」

困り果てる住職に掴みかかって半狂乱で泣き叫ぶその老婆が、藤本さんが最後に見た大野さんの姿だった。暫くして、馴染みの信徒さんから大野さんが縊死したことを聞いた。

「きっと狐が離れちゃったのね。もっともっとって欲をかくから罰を当てられたんだ」

周囲は皆、狐が離れたから大野さんは零落したのだと囁いた。

藤本さんは首を振った。

「俺ぁ見ちゃったんだよね。最後にここに来たときも、あの人の後ろは二本の尾の形に揺らめいてたよ。あの狐は初めっから命取るつもりで憑いてたんだきっと……なのに本人も周りも神様が憑いてるって大喜びしてさ。俺ぁ一つ悟ったよ。本当にヤバいもんは、誰にも怖いって思わせないんだ。麻痺させるんだよ、真っ当な感覚を全てさ」

――俺も麻痺させられてた一人だったんだよなぁ、大野さんの羽振りの良さに浮かれてさ。

藤本さんの呟きが、今も忘れられない。

白山

親戚が集まると、一番歳の近い従兄が必ずする話がある。

「俺白龍を見たことがあるんだよ。白山の神社の池でさぁ」

白山の神社の池とは、神奈川県厚木市飯山にある白山山頂に湧く白山池のことである。古くから雨乞いの霊地とされてきた池で、言い伝えによると白山に住んでいる龍の水呑み場であるとも、寝床であるともされている。それ故にいかなるときでも水が枯れることがないそうだ。

この辺りで生まれ育った従兄は、幼稚園の遠足で白山を初めて訪れた。丸く石組みのされた小さな池の前で、先生が池に縁《ゆかり》のある白龍の話を聞かせてくれた。

その池は雨上がりの水溜まりのようだった。

茶色く濁っていて、どのくらい深いのか分からない。

従兄は落ちていた木の枝を拾って、池の中に突き刺してみた。

持ち手のところまで枝が水に潜っても、まだ底に着かない。

どんなに日照りが続いても枯れることがないという謂われを持つその小さな池は、それなりに深さがあるようだった。

従兄を始め、幼稚園の子供達は、石や木の枝を拾ってきて池に投げ込んだ。白龍を呼び出す為だった。

「りゅうじんさーん！　りゅうじんさーん！」

小石を投げ入れては呼び、枝で水面を叩いてはまた呼ぶ。

「そんなに乱暴にしちゃ駄目よ。お池にものを投げないで、おててを叩いて龍神さんを呼びましょうね」

先生に注意されて、子供達は池の周りで手を叩いて白龍に呼びかけ始めた。暫く続けていると、ぼこりと水面に泡が立った。

従兄は手を叩くのを止め、濁った池に見入った。

他の子供も皆黙り、泡の出た池の中心を見つめる。

またぽこりと泡が浮いた。今度は途切れずに次々と泡が出てきた。

水底からぽこぽこと湧き上がってくる気泡に、子供達は息を呑んだ。

「りゅうじんさーん！　出ておいでー!!」

従兄を始め、子供達は夢中になった。

手を叩きながら何度も白龍を呼ぶと、濁った泥水がゆらゆらと波打つ。

「りゅうじんさーん!!」

やがて水面に白い影が浮いた。

池一杯に広がる鬣《たてがみ》の長い馬のような顔のフォルム。

畝《うね》る髭に、雄鹿に似た角も生えている。

昔話で語られる龍の頭が、濁った茶色い水面のすぐ下まで浮上してきたような影だった。

「本当に出た！　りゅうじんさんだ!!」

子供達は一瞬の驚きの後、無邪気に喜んではしゃぎまわった。

従兄は持っていた木の枝で、龍の頭の形をした影を突いてみた。

先程はするする水に沈んでいった枝が、先端から十五センチ程浸かったところで進まなくなった。

ぶにゅりとした、大きな魚を突いた感触がした。

暫く枝で突いていると、影は次第に泥水に溶けていってしまった。

それはあたかも、水面近くまで浮上してきたものが、また水底に戻っていくようだった。

「今の、何？　……亀？　え……？」

一緒に池を見ていた引率の先生が酷く狼狽えていた。

「──御伽噺《おとぎばなし》てのは、案外本当にあったことなんだよ。少なくとも龍はいるよ絶対。俺は枝で突っついたんだから」

そう締め括られるこの話を、私は三十年以上聞かされている。


少し前に白山に登った。

桜の名所として有名な飯山の長谷寺の社殿の横を擦り抜けて奥へ進むと、白山へのハイキング路となる。標高二八十四メートル。

近道だが急峻な男坂ではなく、緩やかな女坂から登る。

幼稚園児だった従兄が遠足で登った道と同じ道行きだったが、途中で息が上がった。

山頂について、白山神社の御社に参拝した後、すぐ傍にある池を眺めた。丸い石で縁取りをされた、一メートル四方の井戸のような池だった。辺りに小さな白龍の像が建てられていた。

「あら、こんなに小さい池なのね」

池を覗き込んでいると、夫婦と思しき年配の男女がやってきた。

男性が女性に向かって、しきりに池の謂われを説明していた。

男性の話は、数ヶ月前に一人でここを訪れたとき、白龍を見たという内容に変わっていった。

「いや、本当なんだよ。真っ白い影がふっと浮かんできてさ」

それは従兄の話と同じだった。

私は龍の頭の形をした白い影が浮かんでこないかと、暫く水面を見つめていたが、白龍を見ることはできなかった。

観念して踵を返した刹那、背後でこぽりと、泡の立つ音がした。

歌声

その歌の調べは懐かしく、美しく、とても心地良いのだという。

「十月一日は福酒奉納祭の日なんです。県の酒造組合に所属している酒造家は全員参列します」

櫛田さんの生家は福岡にある酒蔵だった。

大学でバイオテクノロジーを学び、食品会社に就職した後、家業を継いで杜氏《とうじ》になった。

十月は酉の月に当たり、字面が酒に通じることから酉の月の初めは日本酒の日とされているそうだ。

酒造の神とされている京都の松尾大社の分社を祀る神社で、毎年十月一日に福酒奉納祭が行われている。

宮司による献酒の儀が執り行われた後、直会《なおらい》が開かれて参列した酒造家皆で杯を酌み交わす。

今年も良い酒ができますように――。そう祈念して杯を仰ぐのだ。

「醸造は今でこそ微生物の働きだと分かっていますが、昔は理由が分からなかった。発酵も腐敗も仕組みは同じです。先人達はさぞ不思議だったろうと思います。だから畏怖した。酒造りに神事が欠かせないのは、その為じゃないかなぁ」

日本の造酒の起源は、稲作が始まった二千年前に遡るという。

その長い歴史に想いを馳せるように、櫛田さんはしみじみと言った。

父も祖父も曽祖父も、代々杜氏を務めてきた。

福酒奉納祭には、各酒蔵が福酒となる酒を神社に納める。

櫛田さんの家では杜氏が奉納する酒を選定するのだが、何故か先代の杜氏である父は一度も任されなかった。父が杜氏となってからも、福酒を選ぶのは祖父の仕事だった。

「あいつは耳が悪いと、いつも祖父が言ってました。蔵には酒樽が幾つも置いてあるんですけど、樽に耳を付ければ福酒になる酒が入っているものはすぐに分かると言うんです。耳を尊べ、それが祖父の口癖でした」

櫛田さんは、祖父の言葉の意味がずっと分からなかった。

「醪《もろみ》を作る段階で発酵が進むと、何とも言えない音が響くんです。耳を尊べと言うのは、その発酵の音の良し悪しみたいなものを聞き分けろと言うことかと思いましたが、祖父はしきりに樽と言うんです。発酵させるのは今はもうホーローのタンクを使ってますからね、樽に入れるのは火入れ前の貯蔵のときです」

つまり酒樽に入れられる段階では、もう発酵は終わっており、音などしない。首を傾げる櫛田さんに、祖父は口の端を上げた。

歌が聞こえるんだ。

一言だけ、そう言ったという。

「やっぱり意味が分からなくて。いい熟成の暗喩なのかなって、ずっと思ってましたよ」

会社に勤めて三年程経った頃、帰省の折に樽の置いてある蔵に入った櫛田さんは、ある樽に耳を付けて泣いている祖父を目にした。

驚く櫛田さんに、祖父は口元に指を一本立てて、ふっと微笑んだ。

聞いてみろと言うように、樽を指す祖父に訝しみながら、櫛田さんは耳を付けてみた。

杉木でできた貯蔵用の樽からは、朝露に濡れた森の香りがした。

目を閉じて深く息を吸うと、霧がかった美しい木立の中にいるような清々しい気分になる。

……もちをせ……せこせ……

「――え……？」

櫛田さんははっとして思わず樽から耳を離した。

もう一度、耳を付けてみる。

……きをせこせ

聞こえる。確かに。

傍にいる祖父を、呆然と見つめる。

祖父は、瞠目する櫛田さんに嬉しそうに頷いて見せた。

「祖父が言っていた通り、本当に歌が聞こえたんです。何て表現したらいいかなぁ……君が代とか古い民謡みたいな、とにかく古風な日本の調べって感じの旋律でしたよ」

櫛田さんはもう一度樽に耳を付けた。若い女性のような、幼い子供のような、高く澄んだ声が小さく歌を紡いでいる。

それは複数人のコーラスのようにも、独唱のようにも聞こえた。

歌の詞の意味は分からなかったが、幼い日を思い出すときのような懐かしさが胸を迫《せ》り上げ、鼻の奥がつんと痛んだ。

祖父が涙を流した理由が、何となく分かった。

祖父は朱墨で祝という文字を樽の蓋に書き入れた。次の福酒は、この樽の酒だと満足げに笑って言った。

「全く訳が分かりませんでした。でも何度耳を付けてみても、その樽だけ歌が聞こえてくる。他の樽は聞こえないんです。父に言ったら、お前は親父似かぁ、うちは安泰だなって揶揄われました。明らかに信じてない様子でした。父にも母にも、歌は聞こえないらしくて」

数年後、祖父が亡くなったことを機に、櫛田さんは会社を辞めて酒作りの勉強を始めた。祖父の遺言により、杜氏になる前から福酒を選ぶのは櫛田さんの役目になった。

「他の蔵人《くらびと》にも聞こえません。でも毎年必ず一つだけ、歌が聞こえてくる樽があるんです。不思議だなぁってずっと思ってました。歌が聞こえるのも、歌が聞こえた樽の酒を福酒にするという家の決まりも何故なんだろうって」

あるとき、櫛田さんは聞こえてくる歌の詞をメモに取った。

古語のように思えるその詞を、奉納祭を行う神社の宮司に見てもらうと、宮司は穏やかに微笑して言った。

――これはまさしく、神様に捧げる為のお酒ですね。

「詞の意味が分かって納得しました。この歌が聞こえるということで酒造家としての自信も持てました」

これからも美味しい日本酒を作ることが、自分と家の使命だと、櫛田さんは誇らしげに笑った。小学生になる息子さんにも、歌が聞こえるのだという。

うまらにきこしもちをせ
うまらきをせこせ
(どうぞ美味しく召し上がってください、
美味しく飲み干してくださいね)

女傑

六、七年前の八月の日曜日だったと思う。
夜に友人から電話がかかってきた。

横浜の中華街でめちゃくちゃ凄い占い師に出会ったらしい。

紫色の髪の毛に真っ赤なツーピースといういかにも怪しい出で立ちだったが、こちらが口を開く前から生年月日、家族構成、出身地、過去の出来事、全て言い当てられたという。

「この彼氏と結婚する予定だろうけど、それは正解。周りには反対されたけど、あんたはよく選んだよ。この人は今年の春にやっとまともな職に就いたけど、上司が女でうまくいっていない。でも大丈夫、これから部下に恵まれて出世する。四十歳前後で自ら起業してお金を得るが、浮気するね。だけど必ずあんたのとこに戻ってくるから、絶対に別れるな。結婚後は引っ越しを考えてる？　彼氏の実家の方か……海の近くだね。津波が怖くて迷ってるのか。大丈夫、大きな地震が来てもそこに津波は来ないから。いつ地震があるかって？　あー二十三から二十五日辺りだね。二十五日が水曜日だ。月までは今ちょっとぼやけて見えないけど多分寒いときだよ」

占いには心理学の要素が多用されている。巧みな誘導尋問によって相手の情報を引き出し、「当たった」ように錯覚させる。

「でも私達本当に何も言ってないんだよ。座っただけで女傑がすらすら喋り始めて。質問なんか一切されなかった」

占いに懐疑的な私に、友人が興奮した様子で反論する。

友人が女傑と呼ぶその占い師は、友人達が席に着くなり、一方的に話し始めたらしい。付け睫と濃いアイシャドウに縁取られた目が、友人達の後ろを見ている。まるで見えない誰かから、自分達の情報を引き出しているようだったという。

女傑の言う通り、友人の彼氏は長らくフリーターでその年の四月にやっと会社勤めを始めたばかりだった。

上司はバリバリのキャリアウーマンで、三十路の新入社員である彼氏を見下すような態度を取る。

鎌倉に実家のある彼は、結婚後は実家の近くに住みたいと常々言っていた。

「あいつ絶対起業するタイプじゃないでしょ。本人も全くそんなつもりないって言い張ってるし。でもこれだけ当たるなら、そういう未来もあるのかなぁって、ちょっと期待しちゃった。あんたも行ってみない？　今日は一方的に話されただけだったから、私も今度はもっと色々聞いてみたいし」

一緒に行こうと誘われて、一週間後の日曜日に待ち合わせをした。

私も女傑に会ってみたくなった。

天災や寿命については言及しない占い師が多い。予言めいたことを告げる赤いツーピースの女傑に、俄然興味が湧いた。

テイクアウト専門の小籠包《しょうろんぽう》屋の横道を入った右手側にある小さなお店だったというので、友人の案内についていった。

確かに占い処の看板が出ていた。だが、友人は首を傾げている。

「こんな広いお店じゃなかった。占い師はその女傑一人だけで、待合スペースも二人座れば一杯になるような狭い店だった。アジアンテイストの内装で、白檀みたいなお香が焚かれてた」

通りを一通り探してみるが、占い処は一箇所しかない。

友人曰く、場所は確かにここだが、店構えが全く違うという。

路地を間違えたのではないかと言うと、「占いに行く前に、そこの小籠包屋に寄ったの。この横道の方に行列ができてて、私達も並んだ。そのときに占い処があるのを見つけて、小籠包を買ったあとに入ったから絶対に間違いない」と言い張る。

友人は一緒に行った彼氏に電話をした。彼氏もその場所で間違いないと言う。たった一週間で二人して記憶が曖昧になるとも思えなかったが、とりあえず違う横道も探してみた。

結局件の女傑のいる占い処は見つけられなかった。お店の名前も思い出せず、財布に入れておいたはずの女傑に貰った名刺もいつの間にかなくなってしまったらしい。

私達は天心の食べ放題だけを堪能して別れた。友人は後日、彼氏ともう一度店を探したが、やはり見つけられなかった。

女傑の店があった場所にある別の占い処で尋ねてみたが、十年以上その場所で店を構えており、占い処になる前は中華料理屋だったという。

女傑の言う通り、友人の夫になった彼氏は後輩に慕われてリーダー職を任されるようになり、昨年独立して会社を立ち上げた。

このままいくと近々浮気をする。
江ノ島近くに居を構える私は、地震のことが気になっている。
今もまだ、私は友人と女傑の店を探し続けている。

辻占《つじうら》

瓦屋根の古い家が立ち並ぶ一角に、その木はぽつんと立っている。

クリスマスツリーを彷彿とさせる大きな木なので、樅《もみ》の木だという人もいるが、恐らく栂《つが》の木だろう。常緑の葉が美しかった。

高く澄み渡った青い空に、入道雲が立ち上る。

強い夏の陽差しに、真っ白な着物が照り映える。

肩上げの付いた無地の着物を纏って、幼い少女はじっと木の傍に佇んでいる。

その胸元に、古い木札がかかっていた。

辻占の文字が辛うじて読めた。

「——笠？　を深く被っててさ、顔は見えないの。でも髪が長いから多分女の子。そもそも着物姿の子供ってのがもう変でしょ」

由比ヶ浜通りで自然食カフェを営んでいる安藤さんが、奇妙な少女を見たのは一昨年の夏のことだった。

八月二十七日。日付まではっきりと覚えているという。

「噂は聞いてたからさ。あ、これだってすぐに思ったよ。七歳くらいの子供が木の下に立ってて。格好以外はほんとにその辺にいる子と変わらないの。でもやっぱちょっと気味悪いから、暫く遠目に見てたワケ」

するとその子は木の裏側に隠れてしまった。

安藤さんは木から目を逸らさずに近付き、そっと覗き込んだ。

子供はいなくなっていた。

極楽寺の住宅街の道路に、ぽつんと一本、大きな木が立っている。

八月の暑い日、その木の下に笠を被った着物姿の少女が現れるというのは、昔から有名な話らしい。

地元の人間は何人もこの少女を目撃しているという。

「あたしも見たことあるわよ。夜じゃなくて真昼間。こんな明るくてもお化けは出るんだって衝撃だったもの」

店にいた常連客の女性が、話に加わった。

「百発百中の占いをしてくれるそうよ。私は後からそれを聞いて、どうしても知りたいことがあって、また会いたくてその子を探してるの」

「それは初耳だなぁ。九州の方から流れてきたってのは聞いたことあるけど」

女性のもたらした新たな情報に、安藤さんが腕組みをした。

様々な曰くが囁かれているようだ。

私の学生時代の恩師が、長く鎌倉に住んでいる。

授業で御伽草子《おとぎぞうし》の鉢被《はちかつ》ぎの考察をした折、この極楽寺の木の下の少女の話を、恩師がしてくれたことがある。

御伽噺の中でお姫様が鉢を被せられた理由は、大人になりたくないという我が儘を戒められたからだという。

「顔が見えない程深く笠を被って木の下に佇む極楽寺のお化けも、何かを戒められてるのかもしれないね。辻占の札を掲げて、決まった人数を占わないとそこから離れられないとか……だとしたら可哀想だなぁ。あの風体じゃ怖くて誰も声をかけないもんなぁ」

考察の合間に、恩師は深く溜め息を吐いた。

二十年近く経って、同じ話を聞くとは思わなかった。

鎌倉は本当に不思議な街だ。怪しい話に事欠かない。不思議な話を集めているというと、必ず幾つか巷説《こうせつ》が上がる。幽霊というより、妖怪に近いような話が多い。

この話を書いている今、梅雨明けのニュースが耳に入ってきた。もうすぐ夏が来る。

私も極楽寺の木の下の、辻占の少女に会いたいものだ。

囁き

近所に住む浅野さんは鉄道の絵を専門に描く画家だった。

通りを歩く人が気軽に見られるようにと、自宅兼アトリエの窓には、彼が描いた電車の絵がたくさん飾られていた。

定期的に新しい絵に入れ替わるので、電車好きの息子達が見入っている。それが縁で時々立ち話をする間柄になった。

不思議な話を集めているというと、「僕一つだけ持ってますよ」と披露してくれた。

言葉の端々に関西のイントネーションが混じる。元々は大阪の住吉に住んでいたという。

小学校六年生のときに父親の転勤で東京に越すことが決まった。

新しい家は品川区にある社宅だった。だが何故か、最初の二ヶ月間だけ埼玉の川口のアパートで暮らすことになった。

「大阪から東京は東で、その年は東が凶方だって母が騒いだんです。だから社宅のある方位が南になるように、方違えした訳です。転校手続きをした学校は品川にあったから、通うのが大変でしたよ」

　母親は熱心に気学の勉強をしていた。祖母が若くして癌を患った折に、知り合いに紹介された鑑定士が吉方にある病院に転院しろと助言をした。その通りにして祖母が完治したことが、母を気学に傾倒させた。

　凶方を吉方に変ずる方違えは、方違えの為に移り住んだ場所に六十日いなければならないらしい。川口に引っ越してからの二ヶ月、父親は飲み会を禁止され、浅野さんは泊まりがけの林間学校に行けなかった。母親は徹底して気学の教えを守り、気の弱い父は何も反論せずに黙って母に従っていた。

　こうして満を持して、浅野さん一家は「吉方」にある品川の社宅に引っ越した。

　だが、家は不幸続きだった。

　父親は原因不明の体調不良に度々襲われ、仕事を休みがちになり、閑職に追いやられた。

　物静かだった父が毎日深酒をするようになり、理不尽に怒鳴り散らす。

　夫婦喧嘩が絶えず、激昂した母は家を飛び出して交通事故に遭った。幸い打撲だけの軽い怪我で済んだが、両親の罵り合いは日に日に激しさを増していく。そのうち殺し合うのではないかと、不安にもなった。

――お前がおかしなモンに頼るからや!

今まで溜め込んでいた鬱憤が爆発した父の暴言に、母親は意地になってますます気学にのめり込んでいく。

今度は土地の水が悪い所為だと言い張って、遠くの神社から湧水を水筒に何本も汲んできては、その水を生活用水にするという、「お水取り」まで始め出した。

地獄だった。家の中はめちゃくちゃで、湧水の入った大量の水筒と安い発泡酒の空き缶が散乱している。周りの人々の嫌な噂話と嘲笑が耳に付く。

浅野さんは学校に行かなくなり、部屋に引きこもった。

あらゆることを遮断して、唯一の趣味である絵を描くことに没頭した。

「暫く経った頃から、誰かがひそひそ囁くんですよ。僕の部屋には下半分が擦り硝子になった掃き出し窓があって、そこに座り込んでいる人影が映るんです。時間はまちまち、夜中のときもあれば、真昼間だったり」

磨り硝子の向こうに、二人分の人影が映っている。

聞こえてくるのは間延びした老人の声と、若い男の声。

「……近頃は妙な妄言を信じる輩が多くて、本来の気の流れを読める奴が本当にいなくなったねぇ。この家の奥方も、吉方だ殺界だ、全くとんちんかんなこと言ってるもんねぇ」

「本当だね。何が吉かは人によって異なるのにね」

掃き出し窓の外には雑草の生い茂った小さな庭が付いていて、古いコンクリートブロックに囲まれていた。

玄関の反対側にあり、近所の人が入り込んでくるような場所ではない。

不審に思って窓を開けると、まるで霧散するように人影が消えていく。犬麦や酸葉の伸びた狭い空間には誰もいない。

浅野さんはいつも首を傾げた。不可解だったが、この世ならぬ何かとも思えなかった。ストレスによる幻覚と幻聴。そう考えるのが妥当だった。

「……何だってあんなに必死になるかねぇ」

「不安で不満なんだろう。何故と叫ぶのは嘆き、そうかと頷くのが悟り。結局、嘆くか悟るかしか定めに対する向き合い方はないのさ。あの奥方はいつも叫んでるね。運を開く奴は自ずから悟るもんさ。悟った奴は好き勝手したって己にとって良い気を纏える。良い場所に導かれ、良い人に巡り会う。奥方にはそれが分からないんだよ」

「……前にもいたよなぁ、役者のさぁ」

「ああ、いたね。可哀想な最期だったね」

「まあここの奥方はこれから二回も事故に遭うから、それで目を覚ますといいよねぇ。父母の徳が高いから命は取られないし。一年後の十月十九日とその後の四月三日」

浅野さんは、それを聞いて震えた。

恐怖にではない。

「一年後の十月十九日とその半年後の四月三日。窓の向こうの囁き声は母は死なないけどまた事故に遭うって予言しているんです……僕は期待したんですよ。迷信めいたことを頑なに信じる母がとことん痛い目に遭って、人影が言うように目を覚ましたらいいなって」

奇妙な囁き声の通りに、母親は一年後の十月十九日とその半年後の四月三日に事故に遭った。

十月は買い物帰りにスーパーの駐車場から出てきた車に足の上に乗り上げられ、四月はお水取りの仲間と知人の運転する車に乗っていて、脇見の車に横から突っ込まれた。助手席に乗っていた母親だけがフロントガラスに頭を強打して重傷を負った。

集中治療室に入り、一時は命も危ぶまれたが、浅野さんは心配しなかった。

母親は死なない。

囁き声がそう言ったのだ。

母親が回復した後、父親がぽつりと言った。

「……なあ、大阪に帰ろ。俺仕事辞めて、向こうでまた心機一転新しいことやるわ」

東京から見て大阪は西。またもその年の凶方に当たってしまったが、母親はもう騒がなかった。憑き物が落ちたように母が大人しくなった所為か、大阪に戻ると家の中は嘘のように落ち着いた。父親の仕事は順調に決まり、断酒して元の穏やかさを取り戻していった。

高校に進学した浅野さんは、入部した美術部の顧問に絵の才能を見出され、美大に進んだ。

子供の頃から好きだった電車をモチーフに絵を描くと、それが鉄道ファンの間で評判になり、毎年出すカレンダーは必ず完売になる。

「江ノ電を描きたくて、こっちに越してきたんですよ。気学的には最悪の年周りのときで、大凶方です。でももう二十年、穏やかに暮らせてます」

何が吉かはその人次第――。万人に適用される吉方もなければ凶方もないのだ。

「運を開く奴は自ずから悟るって言葉がずっと耳に残ってて……だからかなぁ。結構泰然と構えるようになりましたよ、何事も。そのおかげか、割と人生順風満帆です」
浅野さんは朗らかに笑った。

振袖

それは、黒地に紅白の椿の柄をあしらった正絹《しょうけん》の振袖だった。

葯《やく》と花糸《かし》の部分を金糸の刺繍で表した大きな椿の花が、宵闇の中で幾つも咲き乱れているようなその振袖に、優美子さんは一目で心を奪われた。

あれを着ていたのは誰だったか——。少女の頃、祖父の家で見た光景が、いつまでも瞼の裏に焼きついて離れなかった。

私も大きくなったら、ああいう綺麗な椿の振袖を着せてもらおう。

幼い優美子さんのささやかな憧れは、やがて強い執着となって蟠《わだかま》った。
七五三、卒業式、成人式。友人の結婚式。
ことあるごとに、優美子さんは黒地に椿の柄の振袖が着たいと言い募った。

母親はそのたびに幽霊でも見たような蒼い顔をして、縁起が悪いから駄目だと言った。

普段は聞き分けの良い優美子さんが、椿柄の振袖のことになると人が変わったように駄々をこね、大人になっても泣き叫んだ。

普段は何とも思わないのに、時々どうしようもなく恋しくなる。

着たくて着たくて堪らなくなる。そうなると、我を忘れてしまうのだ。自分でも何故こんなに椿柄の振袖に執着するのか不思議だったし、常軌を逸した執着に怯えもした。


数年前の暮れに、母方の祖父が亡くなった。卒寿を超えての大往生だった。

一人娘の母は、祖父の言いつけで家を継がずに外へ嫁いだ。

祖父は常々、自分の死後は先祖代々住み繋いだ家を壊して更地にするよう母に言い含めていた。この家は自分の代で終わり。それが祖父の口癖だった。

正月明け、遺品整理の為に優美子さんは母親とともに祖父の家を訪れた。

祖父の使っていた部屋でアルバムや小物を整理していると、思い出話がぽつりぽつりと溢れてくる。優美子さんの脳裡に、またあの椿柄の振袖のことが過った。

「――そういえば、あの女の人誰だったたん？」

優美子さんが幼い頃、お正月は親類や祖父の友人などがこの家に集まって賑やかにしていたものだ。

その中に、鮮やかな紅白の椿の柄の振袖を着た若い女性がいた。あの人の着ていた振袖が欲しい——。

抗い難い欲求が、どんどん優美子さんを支配していく。

「あの人が着てた振袖、この家の何処かにあるんじゃないんかね？　ちょっと探してみる。もし見つけたら私が貰ってもいいよね」

不穏な優美子さんの様子に、母親が顔を顰めた。

「……あんたまた何言い出すん？　椿の振袖なんて着てる人はいなかったよ。大体長くおじいちゃん一人で住んでた家に、そんな振袖がある訳ないがね」

「確かに振袖を着た人がいたんだってば。黒地の振袖ですごく華やかなん。私、絶対にあいう着物を着るんだってそう思ったもの。あれはまだこの家にあるはずだよ」

食い下がる優美子さんに、母親はますます眉間の皺を深くする。

その表情を見ると、無性に腹立だしい気持ちになった。

「……七五三のときも成人式のときも、縁起が悪いって着せてくれなかったよね。私ずっと着たかったのに、椿の柄」

「今更そんなこと言っても仕方ないがね。一体どうしたん」

母親に嗜められて、優美子さんは黙った。

思えば昔から、あの女性が着ていた椿の振袖に強く惹かれていた。

同じような椿柄の振袖が着たいと何度も訴えたが、苦い顔をした母親に駄目だと諭された。過去の苛立ちがまた燻《くすぶ》ってきて、優美子さんは祖父の部屋を飛び出して階下に下りた。

古い日本家屋のメインは、庭に面した二間続きの広い和室だ。

優美子さんは、その和室に入って座り込むと溜め息を吐いた。

立てた膝の間に顔を埋めて目を閉じると、かつての賑やかな正月の光景が蘇ってくる。

幼い日、祖父の家に集まった親類や友人達の中に確かに椿柄の振袖を着た女性がいた。

黒地にふんわりと丸い紅白の椿が花開いた美しい着物。

その振袖に見惚れていた優美子さんは、立ち上がって和室を出ていく女性の後をついて行ったのだ。

親類達が集まっている二間続きの和室の横の広縁を渡り、左手に折れると玄関に繋がる廊下がある。

その廊下の右手側に、四畳間が一つあった。意匠を凝らした化粧梁のある畳敷の部屋は、祖父の母――つまり優美子さんの曽祖母が生前使っていた部屋だった。
振袖の女性はその部屋に入っていく。優美子さんも続いて中に入る。
襖を開けた瞬間、鮮やかな椿の花模様が目に飛び込んできた。
ハンガーにかけられた振袖が、蝶のようにひらひらと揺れている。
――あれ、変だな。
思い出を振り返っていた優美子さんは、おかしなことに気付いた。
自分は、椿の振袖を着た女性を追って四畳間に入ったのだ。
女性が着ていた振袖が、ハンガーにかかっているはずがない。
そもそも着物をハンガーにかけるのも妙な気がした。
記憶違い？　しかし大きな椿の柄の入った袖と裾が揺れている印象があまりにも強い。
――振袖を着た人なんていなかったよ。
母の言葉が、不意に耳朶を掠めた。
……本当に誰も振袖を着ていなかったのなら、私が見た女の人は誰？
衣擦れの音がして、優美子さんははっと顔を上げた。
二間続きの和室の横にある広縁を、誰かが歩いている。

「……お母さん？」

優美子さんの呼びかけに、返事はなかった。

祖父が亡くなってから、この家には誰も住んでいない。

今家の中にいるのは、祖父の遺品を整理しに来た自分と母親だけのはずだ。そして母親なら、優美子さんの呼びかけに必ず返事をする。

古い板張りの床が軋んでいる。誰かが歩いてくる。

和室と広縁を隔てるのは、下半分が硝子張りになった雪見障子だ。

優美子さんは息を呑んで、雪見障子を見詰めた。

ゆっくりと現れたのは、あの振袖だった。

黒地に紅白の椿の柄。

優美子さんは振袖を着た何者かが広縁を通り過ぎるのを、声も出せずに見送った。衣擦れの音と微かな足音が響いている。

振袖の誰かは、曽祖母の四畳間に向かっているようだった。

優美子さんは意を決して立ち上がると、広縁に出て四畳間に向かった。

優美子さんは引き手に指をかけると深呼吸をして開け放った。

「――っ、いやあああっ‼」

刹那、優美子さんは絶叫した。

化粧梁に帯締めをかけて、長い黒髪を振り乱した若い女が首を吊っていた。大輪の椿を咲かせた袖と裾が、ゆらゆらと揺れている。

ハンガーにかかってたんじゃなかった……！

その場にへたり込んで頭を抱えた優美子さんは、幼い頃にこの部屋で見た揺れる振袖の正体に気付いた。

全身が総毛だち、恐ろしさにぶわりと冷汗が滲む。

「ちょっとどうしたん⁉」

母親に声をかけられて、我に返った。

まだ二階の祖父の部屋で掃除を続けていた母は、階下から響いた娘の尋常ならざる悲鳴に驚いて駆け付けた。

「――あ、あれ、あの女の人！」

「何？　何もないがね、よしてよ」

母親に縋り付いて四畳間を指さした優美子さんは、狼狽える母の言葉に恐る恐る振り返った。

西日の差す畳敷の小さな部屋には、首を吊った振袖の女などいない。

部屋の奥に設《しつら》えられた掃出窓の向こうに、たわわに赤い花をつけた椿の木が並んでいた。

「私、今見たの！　本当に見たの！　そこの梁に首括った女の人が……」

半狂乱になって訴える優美子さんに、母親も震えながらこんなことを言った。

「……あんたが見たの、きっとひいおばあちゃんだよ……あんたの執着が怖くて言えなかったんだけど」

優美子さんの曽祖母は若くして亡くなった。その死因が縊死であることを、優美子さんは母から聞いて初めて知った。

曽祖父は家業の養蚕を盛り立てて、家を栄えさせた。商才はあったが、女癖が悪かった。親の勧めで曽祖母を嫁に迎えた後も、外に妾《めかけ》を置いてそちらに入り浸りの生活だったそうだ。

「親に無理矢理添わされた嫁なんかには興味がなかったんかしらね……ひいおばあちゃんがお嫁に来るときに着てきた花嫁衣装の振袖も、ひいおじいちゃんがお妾さんにあげちゃったって言うんだから」

そう言うと母親は一枚の古い写真を見せた。

曽祖父母の婚礼のときに撮られたものが、一枚だけ祖父のアルバムに残っていたらしい。曽祖父の顔は、墨で塗り潰されていた。祖父がやったのだという。

曽祖母の着ている着物は、椿の柄だった。白黒だが、優美子さんには元の色が鮮明にわかった。黒地に、鮮やかな紅と白。

「……この着物」

曽祖母の振袖は、曽祖父が勝手に持ち出して妾に下げ渡してしまった。

「……悔しかったんだろうねぇ、ひいおばあちゃんは。嫁入り衣装まで他の女に渡しちゃう夫の家で一人で子供を育ててさ。きっとその振袖の代わりに、庭に椿を植えたんだいね」

母親は、写真の中の曽祖母の顔を労るように指で撫でた。

結局、妾が早くに病死した為曽祖父は渋々家に帰ってきた。

椿の振袖も曽祖母の元に戻ってきたが、それから間もなく彼女は首を吊って命を絶った。件の振袖を身に纏って。

正月三が日のことだという。

「……振袖はどうなったん？」

「昔は亡くなった人には経帷子《きょうかたびら》着せるから、振袖は脱がしたんだって……まあ一度妾に渡ったものを一緒に棺に入れるのもね……ひいおばあちゃんのお葬式の後、お寺に持っていってお焚き上げしてもらったって聞いたよ」

だからもう、この世にないんさ。

母親がそう言った瞬間、強い風が吹いて窓硝子がガタガタと音を立てた。空っ風と呼ばれる、この地域特有の突風だ。

優美子さんが庭を見遣ると、まるで嵐の後のように曽祖母が植えた椿の花が全て落ちていた。

「……何これ……こんなことってあるん？」

血のように点々と地に落ちた赤い花を見て、母親が呆然と呟いた。

優美子さんは、椿柄の振袖への執着から覚めた。

曽祖父の写真を墨で塗り潰した祖父は、生まれ育った家を嫌っていた。それでも跡取りとしての役目を果たし、曽祖母が亡くなった正月には多くの人を呼び賑やかに過ごした。もしかしたら優美子さんの祖父は、孤独を抱えて自死した自分の母親を少しでも慰めたかったのかもしれない。

祖父の家は、祖父の遺言の通りに取り壊して更地にした。
今では駐車場になっているという。

人魚

「昔人魚を見たことがあるんだけどね、それはもう溜め息が出るくらい綺麗だったの」

小さい頃、家の向かいに黒崎さんという年配の女性が住んでいた。

黒崎さんの家には古い井戸があった。生活用水としてはとうに使われなくなっていたが、水は冷たく澄んでいて、夏にはよく西瓜やラムネを冷やしていた。私は飼っていた金魚の為にカルキの入っていないこの井戸の水をよく貰いに行ったものだ。

黒崎さんは不思議な話をよく聞かせてくれた。

中でも人魚を見たという話は、それって人魚なの？　という疑問とともに私の中に強く記憶され、年を経て思い出すごとに、静かな怖気を感じさせる。

黒崎さんは子供の頃、房総半島の山武《さんむ》という所に住んでいた。

千枝ちゃんという仲のいい女の子がいて、いつもその子の家に行っては、陽が暮れて親が呼びに来るまで遊んでいたという。

千枝ちゃんの家の庭には、屋根の付いた立派な井戸があった。

戦後間もない時代のことで、当時多くの家がそうだったように、当然この井戸の水は毎日の生活に欠かせないものだった。

梅雨が明けたある日、黒崎さんがいつものように千枝ちゃんと遊んでいると、庭を赤いものが横切った。

真紅の襦袢を着た、若い女だった。

酔っているような千鳥足で、ふらりふらりと歩いていく。

「ねぇ、あの人誰？　おうちの人？」

広縁からその様子を見ていた黒崎さんは、妙に思って千枝ちゃんに話しかけた。千枝ちゃんにも覚えがないようで、訝しげに首を傾げている。戦中は疎開先になるような田舎で、つやつやと照りのある紅い絹の襦袢を着ている若い女は異様だった。まして昼日中に、下着も同然の襦袢一枚で人様の家の庭を歩いていくなんて。

黒崎さんと千枝ちゃんは顔を見合わせた。

お互いの家は農家で、千枝ちゃんの両親も畑に出ていてまだ帰ってこない。

――不審者。二人の脳裏に不穏な言葉が浮かぶ。

黒崎さんは、千枝ちゃんと一緒に広縁から庭に出た。

男勝りの黒崎さんが先頭に立って、襦袢姿の女の後を付けた。

女は井戸の所まで来ると、蓋を開けて中に飛び込んでしまった。

「――えっ⁉　嘘よね？」

ざばんという水飛沫の音が聞こえた。

二人は慌てて井戸に駆け寄った。

井戸に落ちたら助けられない――。少し前に、近所の幼い男の子が過《あやま》って井戸に落ちたことがあった。

水面まで数メートルある井戸から幼子を引き上げるのは難儀し、結局男の子は助からなかった。

黒崎さん達子供は、大人達からふざけて井戸の蓋に乗るな、落ちたら助けられないぞときつく言い含められていた。

――自殺だ。

黒崎さんは、襦袢姿の女が井戸に飛び込んで自死したのだと思った。

恐らく千枝ちゃんも同じ思いだっただろう。小さく震えているのが分かった。二人は手を取り合って、恐る恐る井戸を覗いた。

黒崎さんは言葉を失った。

女が、泳いでいたのである。

千枝ちゃんの家の井戸は大きな井戸だったが、内部に人が泳ぎ回れるような広さはない。なのに女が泳いでいる。

紅い襦袢の袖が水に揺蕩《たゆた》って、まるで柔らかに水をかく金魚の鰭《ひれ》のようだった。

仄暗い井戸の中で、水面に広がる長い黒髪や艶めかしい白い足が、何故かはっきりと見えた。

ぱちゃりぱちゃりと楽しげに水を揺らして、出鱈目な縮尺の女が泳いでいる。

黒崎さんと千枝ちゃんは、初めは呆然と、次第に夢中でその女に見入った。やがて女が水から顔を上げて、こちらを見上げた。

どきりとした。女は微笑んだ。

色のない真っ白な顔は、息を呑む程美しかったが、何だか不吉な感じがして背筋に冷たいものが走った。

艶然と微笑んだ女は、また水の中に潜ると井戸の底に消えていった。

「……今の、何？」

黒崎さんの呟きに、千枝ちゃんはただ首を振った。

「……分からない。でも、綺麗だったねぇ」

きっと、あれは人魚だ。

黒崎さんはそう思った。美しい女の微笑を思い出すと身の毛も弥立《よだ》つような気分になったが、千枝ちゃんはうっとりと女のことを反芻している。井戸の中で泳いでいた紅い襦袢の女のことは、二人だけの秘密にしよう。そう、千枝ちゃんが言った。

いいものを見たね――。

千枝ちゃんは繰り返し、そう呟いていたそうだ。

それから暫くして、黒崎さんは千枝ちゃんと遊べなくなった。

千枝ちゃんの家で家族が次々と体調を崩し、千枝ちゃんも寝込んでしまった。やがて両親と兄姉は回復したが、千枝ちゃんは助からなかった。

赤痢だった。

友人を見送る葬式で、黒崎さんは悟ったのだという。

「禍いはね、とても美しい姿をしているの。だから決して、魅入られてはいけないのよね」

行先

偶《たま》に、やけに遠くまではっきりと道の先が見えることがあるのだと、望月さんは言った。

住宅街を縦断するその細い道は、駅の裏手から始まり、五百メートル程先で丁字路になっていた。

突き当たりに白い築地塀の古い一軒家が建っているので、まるでその家に行く為の道のように思えた。

周囲の家も年季の入った戸建てが多い。

望月さんが幼い頃から、時間が止まったように変わらない光景だった。

一応車も通れるが、対向車が来たときはすれ違うのが困難な為、その道沿いに家がある人以外、地元の人間は滅多に車では通らない。

「時々ね、その道が遠く何処までも続いているように見えることがあるんだよ。大抵、天気の良い昼間だね」

左右に道が分かれる突き当たりには、古い家の築地塀がある。

その家がなくなって、真っ直ぐな道路がずっと続いている。

道の幅は変わらず、車一台がやっと通れる程の細さだ。

両側に街灯が等間隔に立っている。

「本当はね、丁字路の向こうも家が立ち並んでいるはずなんだよ。

でもその道の回りには、何にも見えないんだ」

コンクリートで舗装された、変に現実味のある道。

望月さんは時折見えるその幻影を不思議に思っていた。

「あれ、見えるなぁと思って見つめると、何だか目が眩《くら》んじゃう。

はっとするともう見えなくなっちゃうんだ。誰に聞いてもそんな道はないって言われたんだけど、小学校に一人見えるって子がいてさ」

本名は知らない。二つ上の学年で、こうちゃんと呼ばれていた。

学期に一度ある集団下校のとき、またあの道が見えた。

「ほら道があるよ」と言う望月さんに、他の子供達は首を傾げ、望月さんを嘘つき呼ばわりした。

泣きそうになった望月さんに、助け舟を出したのがこうちゃんだった。

「俺にも見えるよ。街灯が立ってて、周りになーんにもない道路だろ」

最終学年で身体の大きいこうちゃんが真顔でそんなことを言うので、望月さんを嘘つきと囃し立てていた子供達も黙った。

「驚いたよ。道の特徴も僕が見てるものと一致してて、ああ本当に見えてるんだなって感動もした」

だが、気味の悪さも覚えた。何故、見える人と見えない人がいるのだろう。何故、見えるときと見えないときがあるのだろう。

ひょっとして——誘われているのではないか。

そんな考えに至り、望月さんは背筋が冷えた。

もう絶対、あの道の先を見ないようにしよう——。

望月さんはそう固く心に決めた。

学年が違う所為で、こうちゃんとはその後あまり交流がなかった。

時々、校内や家の近所で顔を合わせる程度で、こうちゃんが六年の何組なのかも、正確な家の場所も分からなかった。

六年生が卒業すると、近所で見かけることもなくなった。

学年が変わって暫くすると、望月さんはあの奇妙な道を見なくなっていた。

夏休みのある日、学校のプールから帰宅していた望月さんは件の道が見える住宅街の細い道を歩いていた。

何となく、丁字路の所まで行ってみたくなったのだ。

家は一本横の道沿いに建っているので、その道を丁字路まで歩くことは殆どない。

妙な道が見えていたときには絶対にそんな気にならなかったのに、見えなくなると確かめてみたい衝動に駆られる。

蝉時雨の中、誰もいない真っ直ぐな細い道をひたすら歩く。手で汗を拭って、白い築地塀の前で立ち止まった。

くらりと目眩がして、一瞬目を瞑る。蝉の声が脳裏で反響する。

煩《うるさ》い。

パッと目を開くと、眼前に道路が続いている。

「え……」

築地塀が消え、無機質な街灯が等間隔で並ぶ道路がずっと向こうまで延びていた。

後ろを振り返ると、いつもの住宅街がある。眼前には、両側が広大な原っぱになった一本の道路。

もう一度、振り返る。見慣れた住宅街を縦断する道を、一台の車がこちらに向かって走ってくる。

シルバーのセダンだった。

呆然と車を見つめる。どんどん近付いてくる。

セダンが真横を通りすぎる。その瞬間——。

「こうちゃん……？」

助手席に座った少年が、必死の形相で窓を叩いている。

視線が交差した一瞬の後、セダンは街灯の並ぶ真っ直ぐな道に入っていった。県外ナンバーだった。セダンはそのまま、原っぱを貫くあるはずのない道を走り去っていく。

助手席の窓を叩いていたのは、確かにこうちゃんだった。

望月さんは、呆然と道の先を見遣った。

もう車は見えない。蝉の声もしない。

くらりと、また目眩がした。俯いて目元を手で押さえる。

ばさっと音を立てて、持っていたプールバッグが地面に落ちた。

堰を切ったように、蝉の声がこだまする。

はっとして顔を上げた。目の前には、白い築地塀がある。

セダンが走り抜けていった遥かな道路は、何処にもなかった。

こうちゃんは……？

セダンに乗っていたこうちゃんは、助けを求めているように見えた。

望月さんは言い知れぬ恐怖に襲われて、慌てて家に帰った。

「中学に上がると、三年生にこうちゃんがいないか探した。部活の先輩の友達がこうちゃんだったんだけど」

その人は、望月さんの知っているこうちゃんではなかった。

成長して雰囲気が変わったというのではない。

記憶の中のこうちゃんは、体格の良い団子鼻の色の黒い少年だった。こうちゃんだという先輩は、切長の柳目も高い鼻梁も、色白の肌も、何もかもが「こうちゃん」とかけ離れていた。

だが向こうは、集団下校で一緒になったことなどを覚えていて、親しげに話しかけてきた。

家も望月さんの近所だと言う。一度誘われて、遊びに行ったことがある。自宅の裏手の数軒先がこうちゃんの家だった。

家のガレージに車が二台並んで止まっていた。

一台は見慣れたナンバープレートの黒いワゴン車で、もう一台は県外ナンバーの、シルバーのセダンだった。

「おじさんが来てるんだ。是非会ってもらいたくて」

心臓が跳ねた。

あるはずのない道を走り抜けていったセダン。その助手席から必死に窓を叩いていたこうちゃん。別人になっていたこうちゃん。

望月さんは具合が悪くなったふりをして家に逃げ帰った。

見覚えのない「こうちゃん」の「おじさん」とやらには絶対に会いたくなかった。

それから「こうちゃん」とは何となく疎遠になって、声をかけられることもなくなっていった。仲の良い先輩に小学校の卒業アルバムを見せてもらうと、色白で柳目の「こうちゃん」が確かに写っていた。

「……何なのかなぁ、この記憶。ただの思い込みなのかな。今でもまだ、時々あの道が見えるときがあるんだよね」

よく晴れた日の昼間。偶に、やけに遠くまではっきりと道の先が見えることがある。望月さんは、幻の道の先を見通すように、遥か彼方を見つめるのだと言う。

雨粒

窓硝子に打ちつける雨の粒が、次第に人の顔を描いていく。

「……川瀬さん……？」

呆然と呟いた。透明な硝子に当たって無数に飛び散る雨粒の模様が、知人の顔のように思えてならない。シミュラクラ現象——三つの点の集まりを人の顔に見立てる脳の働きだと、山内くんは思おうとした。

だがあまりにも、その顔は川瀬という知人に似ている。

雨の雫が伝って、窓に浮かび上がった人物が泣いているように見えた。

不意に、胸騒ぎがした。

最後に彼女に会ったのは、十月の終わりだった。もう二ヶ月も前のことだ。

川瀬さんというのは山内くんの大学の先輩だった。

勧誘されるままに入った手話サークルで出会い、同じ学部ということもあってすぐに仲良くなった。学年こそ一つ上だったが、早生まれの川瀬さんと四月生まれの山内くんの生まれ年は一緒だった。

「同じ干支だし、敬語とか使わないでよ。名前で呼んでくれていいし」

笑いながらそう言われたが、山内くんはなかなか敬語を外すことができなかった。

密かに憧れていた。淡い恋情を自覚すると、彼女のことを名前で呼ぶことも堪らなく恥ずかしくて、結局いつまでも川瀬さんは川瀬さんのままだった。

ほっそりとスタイルが良くて、人懐こい笑顔が魅力的な川瀬さんは、サークル内でも人気がある。

告白する勇気も自信もなかった。

「山内くんといる方が楽だもん」

そう言って、川瀬さんが誰とも付き合わないことが唯一の慰めだった。

学年が上がった春先、川瀬さんから暫く入院するというメールがきた。ちょうど山内くんの誕生日の前で、「お祝いできなくてごめん」という謝罪でメールは締め括られていた。

すぐに退院するはずだった川瀬さんは、葉桜の頃を迎えても、梅雨に入っても病院から出られなかった。

メールの返事が途絶え、病室を訪ねてみると面会謝絶になっていた。

夏休みに入ってから、川瀬さんから久しぶりのメールがきた。

風邪のつもりで病院に行ったら入院になってしまい、治療が長引いて連絡ができなかったことを詫びた後、正式な病名が記されていた。

聞き慣れない長い病名を検索すると、腫瘍の特定できない癌の一種であり、強い抗癌剤治療が必要であることに加えて、五年後の生存率を示す数字や予後の悪さを伝える情報が次々と表示された。

「もう少しで退院できるの。そしたらまた御飯でも食べに行こうよ」

笑顔の絵文字の付いたメールの文章が、滲んだ。

必死で泣くのを堪えた。ネットの情報など鵜呑みにしてはいけない。

川瀬さんは、治る。これまで同じ病気にかかった誰もが治らなかったとしても、彼女だけは治る。泣いてはいけない。泣く理由なんかない。祈りのように呟いて、山内くんは努めて明るい返信をした。

秋口、川瀬さんは退院した。彼女の家の最寄り駅の近くのカフェでお茶をした。

少し痩せて髪が短くなっていたが、川瀬さんは元気だった。

「病院食ってもうちょっと何とかならないのかな？　お腹が減っても味が薄くて食べる気にならなくってさぁ」

そう言って、ケーキを三個も平らげた。必修の単位が足りなくて留年するかもと溜め息を吐く彼女に、「じゃあやっと敬語を外せるね」と山内くんが戯《おど》けて見せると、生意気だと朗らかに笑った。

山内くんは安堵した。

ああ、やっぱり大丈夫なんだ。薬が効いたんだ。彼女は治るんだ。

桃色の頬をした川瀬さんに病の影は見えず、このまま退院してまた元の生活に戻っていけるのだと、そう思っていた。

大学の銀杏並木が黄色く染まる頃、川瀬さんは再び入院した。

すぐに見舞いに行くと、たったひと月程前が想像できない程、彼女は弱っていた。自力でベッドから起き上がることもままならなかった。

「……何かさ、寂しいんだよね。一人になると、凄く……」

色のない白い顔をして、ぽつりと彼女は呟いた。

——なら僕が、ずっと傍にいるよ。

すぐ喉元まで迫り上がった言葉は、パッと笑顔を作った川瀬さんに遮られた。

「やだね、真に受けないで。寒くなってくるとナーバスになっちゃって。この後バイトでしょ？　頑張ってね」

間に合わなくなるよと川瀬さんに追い出される。

バイトなんか行かなくてもいい。傍にいる。ずっと傍にいる。

伝えようとした言葉を抱えたまま、去り際に咄嗟に握った細い手が、名残を惜しむように強く握り返されて、山内くんは胸が痛んだ。

それからすぐにまた面会ができなくなり、川瀬さんからの連絡もないまま二ヶ月が過ぎようとしていた。

雨粒が山内くんの部屋の窓硝子に彼女の顔を描いたのは、そんな折だった。

その日の夜、サークルのメーリングリストに川瀬さんの死を告げるメッセージが流された。告別式は年明けだという。

山内くんは呆然と窓硝子を見つめた。

窓の向こうには夜の闇が広がっている。

泣いているような彼女の顔は、もう分からなくなってしまった。

寂しいんだよね……。

いつも明るい川瀬さんが、初めて自分に漏らしたやるせなさが、降りしきる雨のように心に落ちた。

なら、僕がずっと傍にいるよ。

伝えられなかった言葉が、虚しく溶けていく。

どうしようもない悔しさと悲しさが押し寄せてきて、山内くんは頽《くずお》れた。泣いて泣いて、ただ泣いた。

告別式には行けなかった。彼女の最期の顔を見たくなかった。

何年経っても、川瀬さんの死は山内くんの裡で痛み続けた。

「――何で言わなかったのかなぁって……傍にいるとも好きだとも、大事なこと全部……何で言わなかったのかなぁって、今も思うんです」

もうすぐ不惑を迎える山内くんは、霧雨に濡れた喫茶店の窓を見て目頭を押さえた。

怨環

「……ゾッとしたんです。その映像を見たときに……やっぱり逃げられないんだって」

小野さんは港区にあるアパートで独り暮らしをしている。

寺院に囲まれた一角にある、相当に築年数を重ねた二階建ての木造アパートだが、十畳間にガラス戸で仕切られた六畳程のキッチンが付いており、風呂とトイレが別になったなかなか広い部屋だった。

「家賃が安くて職場に近いっていうのはもちろんありましたが……そこを選んだ一番の理由はお寺に囲まれていたからなんです……そういう所だったら、見つからないんじゃないかって」

ある週末、仕事を早めに切り上げて、同期数人で飲み会をすることになった。チェーンの居酒屋でひとしきり飲んだ後、広さだけはある小野さんの部屋で二次会をすることになった。

忙しさでろくに部屋にも帰らない毎日を過ごしていた小野さんは、久々の飲み会を心から楽しんだ。盛り上がる様子を同期の一人が動画に撮っていた。

後日陽気なメッセージとともに送られてきたその短い動画に、小野さんは目を疑った。

小野さんと同期数人が楽しげに談笑している背後、キッチンに繋がるガラス戸が少し開いていた。灯りの点いていないガラス戸の向こうは暗く、その暗がりから足が覗いている。

骨張った蝋のように白い、若い男の足。

足首から上は、濃い闇に紛れて見えなかった。

その足の横に、錆びついた金属の棒のようなものが映っている。

「……錫杖《しゃくじょう》ですよ。黒い僧衣を着ているから、暗がりに紛れて足しか見えないんです」

それは長く、小野くんの生家にいた。

小野くんの生家は、神奈川県の小さな温泉街にあった。

小野くんが小学校二年生の頃、近所に住んでいる三井さんというおばさんが亡くなった。

筋肉が少しずつ衰えていく難病で、長く寝たきりだった。

独身で、小野くんの祖父と同世代の父親と二人暮らしだったが、何年も前にその父親が同じ病気で亡くなっていた。

——これでやっと、楽になれたわねぇ。

母親達がそう囁く程、壮絶な闘病生活だったらしい。

三井さんの葬儀があった日の夜、小野くんは妙な音を聞いた。

シャン、シャン、と金属を擦り合わせるような軽い音とともに、ざっ、ざっ、という草履を履いた足音のようなものが庭先から響いてくる。やがてそれは、玄関を通り、家の廊下から聞こえるようになった。小野くんは両親と、葬儀から帰宅したばかりの祖父と一緒に居間にいたが、その妙な音が聞こえたのは小野くんだけだった。

「誰か歩いてるよ、シャンシャン変な音がするでしょ」

怯える小野くんを両親は笑っていたが、祖父は蒼い顔をして何処か呆然としているように見えた。

「……次はうちだ」

ぽつりと漏らされた祖父の呟きを、小野さんはよく覚えているという。

音はその日しか聞こえなかったが、それから小野さんは家の中で妙なものを目撃するようになった。

それが、件の動画に映っていた白い足と、錆びた錫杖だった。

廊下の先の暗がり、二間続きの和室の襖の向こう。

視界の隅に、チラチラと映る黒い着物姿の生気のない足。

いつも暗がりに紛れて、足首から上は見えない。

え、と思って凝視するともう消えてしまっている。

両親は相手にしてくれない。祖父だけが、小野さんの話を聞くたびに憔悴していった。

「あんたが変な話をするからよ。おじいちゃんも案外怖がりだったのね」

母親に嗜められて、小野さんは暗がりに佇む足を気の所為だと思い込むことにした。

祖父に異変が起こったのは、それから間もなくだった。

持っていた湯飲みを落とす、何もない所で躓《つまず》く。

そんなことが続き、やがて立ち上がれなくなり、寝付いてしまった。

「重症筋無力症っていうらしいですね。遺伝性もなく、免疫反応の異常で起こると言われる原因不明の病気です」

祖父は意識ははっきりしていた。しかし次第に足が動かなくなり、手が動かなくなり、声を出すことができなくなり、瞼を上げることすら自力ではできなくなった。呼吸することもままならず、人工呼吸器を装着されてベッドに横たわる祖父が、何度も無言で涙を流すのを小野さんは見ていた。

意識があるまま、何もできなくなる――。

その想像を絶する苦しみは長く続き、小野さんが高校に入学した年に漸く祖父は息を引き取った。

両親とともに祖父の部屋を整理していたとき、またそれは現れた。

アルバムや衣料品を出していた為、押し入れが少し開いていた。

ふと顔を上げた小野さんは、暗い押し入れの中に佇む白い足を見てしまった。

――まだ、いる。

全身が総毛立つのを感じた。祖父が亡くなっても、あの足はまだこの家にいる。

何故だ、何故……。

小野さんが大学に入学して間もなく、今度は父親が倒れた。

多発性骨髄腫。骨折を繰り返し、父親も寝たきりになった。診断が付いたときには手遅れで、緩和ケアに入ったが、全身を襲う激痛を抑えきれず、最期は強い痛み止めで朦朧《もうろう》としたまま逝った。

「あれが家にいる所為だと思いました。祖父、父と壮絶に苦しんで亡くなって……次は僕だと……怖くなりました」

小野さんは学業の傍ら、生家がある地域の郷土史を調べた。

三井さんが亡くなった晩、祖父が呟いた言葉が忘れられなかった。

——次は、うちだ。

あれは、あの地域の家々を順に回っているのではないだろうか。

市役所が販売している郷土史に関する資料の端に、小さくこんな話が載っていた。

時代は不詳だが、小野さんの生家がある地域がまだ村だった頃、一人の年若い僧侶が流れてきた。

ちょうどその頃、村では日照りが続き難儀していた。

村人は僧侶に、滞在中の面倒を見る代わりに御仏の力で雨を降らしてほしいと頼んだ。

僧侶はこれを引き受けたが、雨乞いは失敗し、怒り狂った村人達に嬲《なぶ》られた。僧侶は死んだ。末代まで祟ると怨恨の言葉を残して——。

小野さんはある疑いを持った。

雨乞いに失敗して、旅の僧侶が村人達に嬲り殺された。

その僧侶を殺した村人の一人は、自分の先祖に当たる人物だったのではないか。

──末代まで、祟る。

恨言を残して死んだ僧侶は、その言葉通りに自分の命を奪った村人達の子孫の下を順番に回っているのではないか。

三井さんは独身で、子供がいなかった。おばさんが亡くなって三井家が絶えた。

だから次は、うちの番──。

真綿で締め上げるように、ゆっくりゆっくり苦痛を味わわせて。

死んだ方がマシだと思わせるくらいの地獄を見せて。

少しずつ、少しずつ。祟り殺す。

三井家の前にも、何処かの家が断絶しているに違いない。

そしてきっと、自分が死んだ後は、また何処かの家が。

小野さんは震えた。僧衣を纏った何かは、父の死後も生家に現れ続けた。相変わらず暗がりに佇んで、顔も見えない何か。

自分を取り殺すまで、あれは家に居続ける。

「除霊とか、そりゃ考えましたよ……でも本当にそういうものが見えて何とかできる人なんて見つからないんですよ」

神社のお祓いも、寺院の祈祷も気休めにすぎない。

ネットで見つけた霊能者とやらは、見当違いなことを捲し立てて法外な金額を請求しようとする。友人にはとても相談できない。

小野さんは家を出ようと母親に訴えた。

「でも当然母親は応じませんよね……。あれを見たことがないし、別に祖父と父は不審死した訳じゃないですし」

全部、偶然——。

小野さんはそう思い込もうとした。暗がりに僧衣を着た足などなかった。何かを見間違えただけ。郷土史で読んだ昔話に、家の不幸を当て嵌めようとしてしまっている。点と点でしかないそれぞれの出来事を、無理矢理線で結ぼうとしている自分がおかしいのだ。

それから小野さんは大学卒業まで、生家で得体の知れない何かを見ることはなかった。

やはり、思い込みだったのだ——。

安堵し始めた矢先。

「家が道路の拡張工事に引っかかったんです。ちょうどいい機会だからって、母親は家の最寄り駅の近くにマンションを買って、僕も就職を機に独り暮らしを始めました」

小野さんは心底ほっとした。家がなくなれば、あれは何処かへ消えてくれると、そう思っていた。

「寺院に囲まれているアパートを見つけて、何となく、あれがもし本当にいて、僕を探しにきてもここだったら見つけられないんじゃないかって……お祓いも祈祷も効かなかったのに馬鹿なことを考えたんです」

製薬会社の営業担当として仕事を始めた小野さんは、この三年、忙しさのあまり部屋には殆ど寝に帰るだけの日々を過ごしていた。アパートの部屋であの僧衣の何かを見たことは一度もなかったし、小野さんはすっかり安心していた。

それが——。

「……僕、多分気付いてなかっただけなんです。あれはずっと、いたんです。僕の傍に」

小野さんは肩を落として呟いた。

「……あれが映ってる動画、同期に確認したらそんなの映ってないって言うんです。あなたも見えないでしょ？　いつも僕にしか見えてないんですよね。これじゃあ僕の頭がおかしいだけって言われても仕方ない。でもね……いるんですよ。あれは絶対に」

分厚い眼鏡を外して、眉間を押さえながら溜め息を吐く。

動画が送られてきてから間もなく、小野さんは複視に悩まされるようになったという。

「原因不明です。複視って、祖父と同じ病気でも発症する症状らしくて……どんどん身体が動かなくなって、祖父や父みたいな最期を迎えたらって思うと……もう自殺しちゃった方がいいかなって」

母親が生きている間は頑張りますけど。

小野さんは視線を落として力なく笑った。

褻《け》の日

うんざりだった。

直に五月なのに陽の差さない半地下の事務室にも、訴えると脅しをかけてくるクレームの電話の多さにも、不都合なことには対応しない上司にも。そしてその日常を変える努力もせず、気力がないと言い訳をして、ただ流されていく自分にも、腹を立てていた。

限界だった。息をすることさえ面倒だった。

旅が好きだった。好きなことに関連する仕事を選びたかったが、周囲の反対を押し切れずに都内の総合病院の事務室で働き始めて大分経つ。残務を終えて、帰り際にコンビニで酎ハイを買う。

一人で暮らす部屋までは、総武線で二駅。酎ハイの缶を開けて、呑みながら歩いて帰る。酒を呑むと目が冴える質だが、この日はとろりと眠気がさした。

それが、少し心地良かった。

部屋までは、職場の最寄り駅から線路沿いに真っ直ぐに行けば三十分程で着く。翌日休みということもあり、遠回りをしてみたくなった。

半分夢心地で途中の路地を曲がる。酔いが回った所為もあり、初めて通る道に、僅かに心が弾む。久しぶりの感覚だった。

賑やかな声がして、ふと横を見る。

小さな公園の庭園灯の下に、藤棚がある。その下に茣蓙《ござ》を敷いて数人の人が酒盛りをしていた。

「そこの人ー！　こっち来なよ！　藤が綺麗だよ」

手招きをされて、ふらりと公園に入る。

藤棚を見上げると、たわわに花を付けた白藤の房が幾つも枝垂れていた。降り頻《しき》る雪のような、見事な花穂に涙が出そうになった。

「あれー？　大丈夫？　もう酔ってる？」

「そこ座んなよ、ヒヤでいいかな」

茣蓙の端に席を作ってもらい、そこに腰を下ろす。

「すみません、何か仲間に入れてもらっちゃって」

冷酒の入った紙コップを受け取り、頭を下げた。

「あー、いいのいいの。皆勝手に集まってきた連中だからさ」

「それよりさー、あんたお疲れだね」

「何かケガレてるよね。ケガレてる」

思わず、全身見回した。一斉に笑いが起こる。

「違う違う、気が枯れてるって意味。汚れてるんじゃないよ」

「……確かに、ちょっと最近滅入ってます」

紙コップを持ったまま、視線を落とした。

「だめよー、下向かないで上を向くの」

背中を叩かれて空を仰ぐと、藤の花の間から細い月が見えた。

「いいでしょ？　お月さんは再生の象徴、欠けてもまた満ちていく」

「お兄さん、普段はこんな酒盛りにホイホイ参加する人じゃないよね」

「なら、ここはあんたにとっての非日常。気枯れも満たすハレの夜だ。まあ呑みなよ」

促されて冷酒を飲み干す。桃のような香りのする、甘い酒だった。

また酒を注がれて、心地良く酔いが深まる。

心の内を吐露した訳でもないのに、悩みの全てを打ち明けて、大丈夫だと慰められたような、清々しい気分になった。

次第に眠気が強くなって、瞼が重くなる。

「言わなくても分かるよ。目が覚めたら、心のままに生きていけるよ」

目を覚ますと、部屋のベッドの上だった。

スーツのまま眠ってしまったようで、上着に皺が寄っている。

夢か、と思った。公園で酒を酌み交わした人々は、顔も服装も思い出すことができなかった。だが、会話の内容は妙にはっきり覚えている。良い夢を見た。晴れやかな気分でベッドを降りた。

ふと見ると、傍に置かれた鞄から、真っ白な藤の花が一房覗いている。

夢じゃないのか？

昨日歩いた道を辿ってみる。藤棚のある小さな公園は確かにあったが、まだ蕾の状態で、一輪も咲いていなかった。

夢の名残の白藤は、大切に飾り、花が凋《しぼ》んだ後、公園の藤棚の下にそっと置いてきた。

「――最近、大変なことも多いけどさ。落胆してない。だってまた満ちる時が来る。俺はそれを知ってるから」

今は八重山でツアーガイドをしている、元職場の先輩萩本さんから聞いた、少し羨ましい話である。

あとがき

禍《わざわい》はとても美しい姿をしている。

幼い頃、よく不思議な話を聞かせてくれた近所のおばあさんのこの言葉が、私の心に強く残っております。大学時代、フィールドワークがあるのが面白そうだと、何げなく選択した民俗学の講義で奈良県飛鳥村に赴き、地元の方に伝承や風習を聞いて回ったことがきっかけで、私は奇談蒐集という趣味にのめり込むようになりました。聞かせていただいた不可思議な話や、自身の奇妙な体験を、でき得る限り美しい物語に仕立てて世に送り出すことが、私の夢でした。

力不足は否めませんが、描いていた夢が現実になるという体験に、感慨も一入《ひとしお》です。貴重なお話を聞かせて下さった方々に、この場で御礼を申し上げます。

本当にありがとうございました。

「怪談」とは、何の為に語られるのでしょうか。人は本能的に闇を恐れますが、得体の知れないその暗がりの向こうに何があるのかを知りたがる生き物でもあります。

見えないものに対する私達の好奇心が存続する限り、怪談は新たに生まれ続けていくのだと思います。

しかし好奇心とは、時に驕《おご》りを生み、しばしば身を滅す原因にもなります。

奈良でフィールドワークをしているとき、お話を聞かせて下さったある神社の宮司さんが、こんなことを申されておりました。何かを畏れる「畏怖」の心を持ち続けていないと、人は傲慢になり正しく生きていけない、と。

怪談というものの役割は、「畏怖」を与えることで人としての正しさを、そしていつの時代も変わらない普遍的な世の理を教示することではないかと、常々考えている次第です。

怖い話ではよく「死」が語られますが、「生」と真剣に向き合う為には、「死」を見つめる眼差しが必要不可欠なのだと思います。

稚拙な出来ではございますが、私のしたためた「奇」の物語が、誰方《どなた》かの明日を前向きに生きる為の糧の一部となれましたら、この上ない幸いです。

芳春

実話怪談 怨環

2022年9月5日　初版第一刷発行

著……芳春
カバーデザイン……橋元浩明（sowhat.Inc）

発行人……後藤明信
発行所……株式会社　竹書房
〒102-0075　東京都千代田区三番町8-1　三番町東急ビル6F
email: info@takeshobo.co.jp
http://www.takeshobo.co.jp
印刷・製本……中央精版印刷株式会社